I0567121

DISCLAIMER

The author and publisher are providing this book and its contents on an "as is" basis and make no representations or warranties of any kind with respect to this book or its contents. The author and publisher disclaim all such representations and warranties, including but not limited to warranties of merchantability. In addition, the author and publisher do not represent or warrant that the information accessible via this book is accurate, complete, or current.

Except as specifically stated in this book, neither the author nor publisher, nor any authors, contributors, or other representatives will be liable for damages arising out of or in connection with the use of this book. This is a comprehensive limitation of liability that applies to all damages of any kind, including (without limitation) compensatory; direct, indirect, or consequential damages; loss of data, income, or profit; loss of or damage to property; and claims of third parties.

Copyright © 2022 LINGUAS CLASSICS

BESTACTIVITYBOOKS.COM

All rights reserved. No part of this book may be reproduced or used in any manner without the written permission of the copyright owner except for the use of quotations in a book review.

FIRST EDITION - Published 2022

Extra Graphic Material From: www.freepik.com
Thanks to: Alekksall, Starline, Pch.vector, Rawpixel.com, Vectorpocket, Dgim-studio, Upklyak, Macrovector, Stockgiu, Pikisuperstar & Freepik.com Designers

This Book Comes With Free Bonus Puzzles
Available Here:

BestActivityBooks.com/WSBONUS20

5 TIPS TO START!

1) HOW TO SOLVE

The Puzzles are in a Classic Format:

- Words are hidden without breaks (no spaces, dashes, ...)
- Orientation: Forward & Backward, Up & Down or in Diagonal (can be in both directions)
- Words can overlap or cross each other

2) ACTIVE LEARNING

To encourage learning actively, a space is provided next to each word to write down the translation. The **DICTIONARY** allows you to verify and expand your knowledge. You can look up and write down each translation, find the words in the Puzzle then add them to your vocabulary!

3) TAG YOUR WORDS

Have you tried using a tag system? For example, you could mark the words which have been difficult to find with a cross, the ones you loved with a star, new words with a triangle, rare words with a diamond and so on...

4) ORGANIZE YOUR LEARNING

We also offer a convenient **NOTEBOOK** at the end of this edition. Whether on vacation, travelling or at home, you can easily organize your new knowledge without needing a second notebook!

5) FINISHED?

Go to the bonus section: **MONSTER CHALLENGE** to find a free game offered at the end of this edition!

Want more fun and learning activities? It's **Fast and Simple!**
An entire Game Book Collection just **one click away!**

Find your next challenge at:

BestActivityBooks.com/MyNextWordSearch

Ready, Set... Go!

Did you know there are around 7,000 different languages in the world? Words are precious.

We love languages and have been working hard to make the highest quality books for you. Our ingredients?

A selection of indispensable learning themes, three big slices of fun, then we add a spoonful of difficult words and a pinch of rare ones. We serve them up with care and a maximum of delight so you can solve the best word games and have fun learning!

Your feedback is essential. You can be an active participant in the success of this book by leaving us a review. Tell us what you liked most in this edition!

Here is a short link which will take you to your order page.

BestBooksActivity.com/Review50

Thanks for your help and enjoy the Game!

Linguas Classics Team

1 - Food #1

प	द	ल	ड	प	ष	ट	प	न	ढ	छ	आ	ख	त
ह	◌ा	ढ	ए	य	त	ल	◌्	◌ा	श	ष	ण	◌ु	ण
इ	ल	ल	ह	स	◌ु	न	य	श	ल	ज	म	ब	म
न	च	उ	क	घ	ल	म	◌ा	प	ड	ट	ठ	◌ा	ह
च	◌ी	न	◌ी	ध	स	क	ज	◌ा	छ	ढ	न	न	ल
ष	न	ग	म	ल	◌ी	ड	◌ौ	त	म	म	म	◌ी	ठ
म	◌ी	ष	स	न	ऊ	य	भ	◌ी	स	श	◌ू	ठ	र
ध	ष	न	◌ू	ट	फ	ब	म	न	छ	छ	◌ं	ध	ट
ल	छ	श	प	छ	र	य	ए	र	आ	ब	ग	ब	भ
ग	ब	द	ट	थ	उ	द	र	द	न	न	फ	च	च
न	◌ी	◌ं	ब	◌ू	ह	ब	स	ग	◌ू	स	ल	◌ा	द
ञ	ख	छ	भ	थ	न	थ	ठ	◌ा	ठ	ध	◌ी	ण	ऊ
ह	भ	आ	ञ	ढ	च	◌ा	य	ज	इ	ह	आ	म	य
म	ध	ञ	य	स	◌्	ट	◌्	र	◌ॉ	ब	◌े	र	◌ी

खुबानी
जौ
तुलसी
गाजर
दालचीनी
लहसुन
रस
नींबू
दूध
प्याज
मूंगफली
नाशपाती
सलाद
नमक
सूप
पालक
स्ट्रॉबेरी
चीनी
टूना
शलजम

2 - Castles

ष	द	ञ	ष	ण	ष	उ	ट	ठ	ढ	त	ण	फ	य
ग	◌ु	ल	◌े	ल	उ	ह	ग	न	ड	ल	द	स	म
श	छ	स	ठ	त	ष	ब	ग	ख	ढ	व	ठ	य	र
ष	◌ू	छ	ख	◌ा	ई	घ	◌ो	ड	◌़	◌ा	म	ऊ	घ
आ	ट	र	◌ा	ज	क	◌ु	म	◌ा	र	र	◌ी	अ	य
ग	ष	◌ा	व	ट	छ	स	श	व	उ	ण	न	ज	ल
श	ध	ज	य	◌ी	ऊ	◌ा	स	ए	ग	ऊ	◌ा	ग	ट
ठ	ध	व	ग	म	र	म	उ	◌ा	म	ग	र	र	इ
क	ग	◌ं	च	ढ	भ	◌्	ऊ	ण	म	◌े	उ	य	थ
उ	◌ि	श	द	थ	ञ	र	ग	ट	ह	◌ं	भ	त	द
उ	घ	ल	ध	म	ह	◌ा	न	द	ल	ड	त	ख	◌ी
क	व	च	◌े	र	◌ा	ज	क	◌ु	म	◌ा	र	◌ी	व
छ	न	उ	ब	स	ऊ	◌्	द	ट	ड	म	ब	आ	◌ा
य	ध	ख	थ	घ	छ	य	ढ	इ	ब	च	छ	ड	र

कवच
गुलेल
ताज
अजगर
राजवंश
साम्राज्य
सामंती
किले
घोड़ा
शूरवीर
खाई
महान
महल
राजकुमार
राजकुमारी
तलवार
मीनार
गेंडा
दीवार

3 - Exploration

भ	स	ग	अ	व	ष	प	स	उ	ढ	ह	ह	आ	अ
ग	◌ा	व	न	थ	ज	◌ा	न	व	र	◌ो	◌ं	ण	◌ं
ह	ह	ष	ज	ष	क	उ	त	◌्	स	◌ा	ह	उ	त
थ	स	ग	◌ा	य	ड	◌ा	ढ	छ	य	स	ख	च	र
ड	र	श	न	ब	म	ग	व	य	द	◌ं	त	ख	◌ि
द	◌ू	र	म	प	आ	त	ह	ट	ब	स	र	◌ो	क
द	◌ृ	ढ	◌़	न	◌ि	श	◌्	च	य	◌्	◌ो	ज	◌्
छ	त	स	थ	भ	भ	ह	ण	ए	व	क	◌ं	ज	ष
ए	प	न	द	आ	◌ू	प	घ	ढ	फ	◌ृ	स	◌ं	ब
च	ब	ज	य	ड	भ	म	द	ल	द	त	भ	ग	य
ए	उ	ल	◌ो	छ	◌ा	आ	श	ब	उ	◌ि	आ	ल	ठ
ब	ल	ध	छ	ख	ग	ध	त	द	ण	य	ड	◌ी	छ
उ	ग	प	ग	त	◌ि	व	◌ि	ध	◌ि	◌ो	त	न	ए
य	◌ा	त	◌्	र	◌ा	म	न	य	◌ा	◌ं	ढ	द	ढ

गातोवोधे
जानवरों
साहस
संस्कृतियों
दृढ़ निश्चय
खोज
दूर
उत्साह
थकावट
खतरों
भाषा
नया
जोखिम
अंतरिक्ष
भूभाग
यात्रा
अनजान
जंगली

4 - Measurements

द	फ	ढ	इ	औ	ऊ	ब	द	श	म	ल	व	आ	च
ए	व	म	ऊ	◌ं	च	◌ा	ई	द	ग	ढ	ण	ट	◌ौ
च	फ	ज	◌ी	स	ध	इ	ण	ख	ञ	श	फ	न	ड
ढ	ढ	ख	न	ट	ट	ट	ग	ट	ठ	ण	र	ग	◌़
ष	ड	◌ि	ग	◌्	र	◌ी	छ	ऊ	छ	छ	भ	प	◌ा
द	ड	र	ल	ट	क	ञ	ठ	इ	◌ं	च	ष	म	ई
ग	◌्	र	◌ा	म	◌ि	क	◌ि	ल	◌ो	म	◌ी	ट	र
ण	ऊ	ट	छ	ग	ल	◌ी	ट	र	प	◌ा	◌ि	ह	आ
प	च	व	च	ढ	◌ो	प	ध	भ	ण	स	द	न	म
ल	भ	भ	र	ट	ग	आ	य	त	न	छ	ऊ	घ	ट
ग	ह	र	◌ा	ई	◌्	ल	प	श	ढ	आ	ह	ष	द
ए	ब	उ	ग	प	र	थ	प	त	ल	ष	ध	ठ	ष
त	प	ह	ब	फ	◌ा	ह	ख	ञ	ण	ग	ग	त	द
स	◌े	◌ं	ट	◌ी	म	◌ी	ट	र	ल	◌ं	ब	◌ा	ई

बाइट
सेंटीमीटर
दशमलव
डिग्री
गहराई
ग्राम
ऊंचाई
इंच
किलोग्राम
किलोमीटर
लंबाई
लीटर
मास
मीटर
मिनट
औंस
टन
आयतन
वजन
चौड़ाई

5 - Farm #2

म	आ	ग	म	ढ	इ	ध	फ	ग	ण	च	ट	ष	च
क	◌े	फ	भ	फ	थ	फ	य	ढ	ब	भ	त	प	र
ई	स	म	फ	ल	ग	व	ट	ल	ष	ष	द	ष	व
फ	इ	र	न	घ	स	ल	ष	ड	इ	च	घ	य	◌ा
ल	ल	प	क	◌ा	ह	◌ु	आ	ठ	ष	श	य	र	ह
फ	ड	◌ो	ल	◌ा	म	◌ा	ज	स	ब	◌्	ज	◌ी	◌ा
श	व	उ	द	◌ू	ध	द	◌ौ	ख	ल	◌ि	ह	◌ा	न
ब	ह	ढ	आ	◌्	स	◌ि	◌ं	च	◌ा	ई	ढ	आ	ग
ण	त	प	च	त	य	ज	◌ा	न	व	र	◌ो	◌ं	◌े
ष	फ	ख	व	छ	ञ	◌ा	भ	◌ो	ज	न	ए	इ	ह
भ	म	ऊ	क	◌ि	स	◌ा	न	भ	◌े	ड	◌़	न	◌ू
ट	◌्	र	◌ै	क	◌्	ट	र	ऊ	स	ल	भ	म	◌ँ
घ	◌ा	स	क	◌ा	म	◌ै	द	◌ा	न	उ	ए	त	र
आ	ल	इ	ऊ	ढ	म	ग	आ	ड	द	ए	ठ	फ	प

जानवरों
जौ
खलिहान
मकई
बतख
किसान
भोजन
फल
सिंचाई
मेमना

लामा
घास का मैदान
दूध
फलोद्यान
पका हुआ
भेड़
चरवाहा
ट्रैक्टर
सब्ज़ी
गेहूँ

6 - Books

ऊ	ख	म	ह	◌ा	क	◌ा	व	◌्	य	ह	श	च	व
द	स	उ	ठ	भ	श	ब	घ	र	ट	ल	ग	भ	◌ि
छ	भ	ठ	य	प	ल	च	स	प	य	ख	प	य	न
आ	व	◌ि	ष	◌्	क	◌ा	र	श	◌ी	ल	ठ	श	◌ो
ग	ख	क	श	र	स	द	◌्	व	◌ं	द	◌्	व	द
ध	ख	थ	◌ृ	◌ा	◌ा	◌ा	◌ु	ल	◌े	ख	क	प	◌ी
ह	प	◌ा	◌ं	स	ह	ल	ह	ख	फ	उ	थ	ल	त
स	◌ृ	व	ख	◌ं	स	द	ध	◌ि	द	प	◌ा	ठ	क
◌ं	ष	◌ा	ल	ग	◌ि	ग	च	ड	त	न	ञ	ब	ह
द	◌्	च	◌ा	◌ि	क	क	ख	प	द	◌्	थ	प	◌ा
र	ठ	क	फ	क	म	म	व	इ	थ	य	य	ड	न
◌्	न	प	ख	ए	ल	◌ि	ख	◌ि	त	◌ा	ञ	◌ि	◌ी
भ	ऐ	त	◌ि	ह	◌ा	स	◌ि	क	त	स	ब	प	क
स	◌ं	ग	◌्	र	ह	त	घ	भ	ख	◌ा	ढ	ठ	थ

साहसिक
लेखक
संग्रह
संदर्भ
द्वंद्व
महाकाव्य
ऐतिहासिक
विनोदी
आविष्कारशील
साहित्यिक

कथावाचक
उपन्यास
पृष्ठ
कविता
पाठक
प्रासंगिक
शृंखला
कहानी
दुखद
लिखित

7 - Meditation

श	म	प	त	ध	ष	म	न	उ	ल	ह	ढ	र	ढ
◌्	ध	◌्	स	◌्	व	◌ी	क	◌ृ	त	◌ि	भ	श	ञ
व	ञ	र	द	य	◌ा	आ	द	त	◌ं	◌ं	म	◌ा	घ
◌ा	ज	क	य	◌ा	म	◌ौ	न	स	फ	क	ब	◌ं	ड
स	◌ा	◌ृ	द	न	च	श	घ	◌्	प	◌ृ	च	त	म
स	ग	त	ऊ	य	म	ञ	ह	प	ग	त	◌ि	◌ि	◌ा
ह	◌ं	◌ि	छ	ध	◌ा	ष	श	ष	श	ज	ट	ग	न
भ	भ	ग	ल	इ	र	ल	छ	◌्	◌ा	◌्	ठ	न	स
इ	◌ा	ह	◌ी	ठ	छ	ध	◌ु	ट	◌ं	ञ	ल	आ	◌ि
उ	फ	व	प	त	आ	घ	न	त	त	त	ख	स	क
द	ण	ए	न	फ	व	ढ	न	◌ा	◌ा	◌ा	ग	व	ढ
स	च	ग	न	◌ा	व	◌ि	च	◌ा	र	थ	ट	इ	य
ध	र	घ	प	ह	ए	ल	भ	ऊ	भ	घ	उ	र	ब
ध	फ	र	स	ए	च	◌ँ	ठ	भ	फ	ब	ह	भ	ण

स्वीकृति
ध्यान
जाग
श्वास
शांत
स्पष्टता
दया
भावनाएँ
कृतज्ञता
आदतें

दयालुता
मानसिक
मन
गति
संगीत
प्रकृति
शांति
मौन
विचार

8 - Days and Months

व	ढ	भ	श	ग	ड	अ	न	व	◌ं	ब	र	च	भ
ट	न	ब	◌ु	ठ	ष	क	म	◌ा	र	◌्	च	ऊ	ढ
ड	ड	ष	क	श	ज	◌्	ब	ज	ट	ल	ञ	ण	त
ऊ	य	च	◌्	छ	न	ट	म	◌ु	◌ु	घ	च	ढ	भ
फ	ल	उ	र	द	व	◌ू	भ	भ	ध	ल	ड	छ	ढ
स	ग	ऊ	व	ऊ	र	ब	स	◌ो	म	व	◌ा	र	स
इ	प	ञ	◌ा	च	◌ी	र	क	ड	ह	ग	◌ा	ई	◌ि
अ	प	◌्	र	◌ै	ल	द	◌ै	न	◌ी	◌ु	ठ	र	त
र	ष	ण	त	भ	ठ	म	ल	आ	न	र	ठ	ढ	◌ं
व	थ	घ	ह	◌ा	ब	ञ	◌े	अ	◌ा	◌ू	घ	फ	ब
◌ि	व	ल	ण	ए	ह	म	◌ं	ग	ल	व	◌ा	र	र
व	ढ	ट	ए	ल	ठ	फ	ड	स	ऊ	◌ा	घ	व	ध
◌ा	च	छ	ञ	ट	ष	व	र	◌्	ष	र	आ	र	प
र	श	न	◌ि	व	◌ा	र	थ	त	त	ष	श	◌ी	छ

अप्रेल
अगस्त
कैलेंडर
फरवरी
शुक्रवार
जनवरी
जुलाई
मार्च
सोमवार
महीना
नवंबर
अक्टूबर
शनिवार
सितंबर
रविवार
गुरूवार
मंगलवार
बुधवार
सप्ताह
वर्ष

9 - Chess

च	व	ख	ठ	व	उ	ग	च	◌ै	◌ं	प	◌ि	य	न
न	त	◌ि	द	य	ल	छ	ड	र	आ	उ	स	प	ट
◌ि	न	◌ु	र	◌ा	ज	◌ा	ब	◌ा	भ	ढ	म	◌्	◌ू
ष	ख	र	र	◌ो	ब	म	व	न	न	ब	य	र	र
◌्	◌ि	◌े	ष	स	ध	उ	◌ि	◌ी	ड	ल	च	त	◌्
क	ल	ब	ल	फ	ह	◌ी	क	◌ा	ल	◌ा	◌ु	◌ि	न
◌्	◌ा	ल	ग	◌े	ह	ख	र	आ	ष	ष	न	य	◌ा
र	ड	◌ि	श	द	ड	स	◌्	श	य	ध	◌ौ	◌ो	म
◌ि	◌़	द	ञ	न	ट	ठ	ण	न	फ	थ	त	ग	◌े
य	◌ी	◌ा	र	ण	न	◌ी	त	◌ि	इ	व	◌ि	◌ि	◌ं
ब	र	न	व	उ	र	ब	द	य	त	ण	य	त	ट
उ	ड	ए	ह	ख	ब	ठ	ष	म	घ	प	◌ो	◌ा	घ
य	व	भ	अ	◌ं	क	ब	न	व	द	व	◌ं	ए	आ
ल	भ	ख	ध	व	ठ	ब	उ	ख	म	च	ट	प	ऊ

काला
चुनौतियों
चैंपियन
चतुर
प्रतियोगिता
विकर्ण
खेल
राजा
विरोधी
निष्क्रिय
खिलाड़ी
अंक
रानी
नियम
बलिदान
रणनीति
समय
टूर्नामेंट
सफेद

10 - Food #2

ब	ढ	क	ह	◌ै	म	म	ग	ल	अ	◌ं	ग	◌ू	र
◌्	ग	◌े	घ	न	ड	छ	ट	छ	◌ं	च	◌े	र	◌ी
र	◌े	ल	त	द	ट	ल	आ	म	ड	श	य	प	म
◌ो	ह	◌ा	ष	न	भ	◌ी	छ	च	◌ा	व	ल	ण	ह
क	◌ू	छ	थ	भ	ग	ढ	द	◌ि	म	ट	द	ह	◌ी
◌ो	◌ँ	भ	ह	र	ण	ब	प	क	य	ष	र	ह	ब
ल	च	श	अ	ज	व	◌ा	इ	न	इ	ट	ऊ	◌ा	◌ै
◌ी	ग	ठ	म	ख	ढ	व	श	ह	ढ	त	म	थ	◌ं
ड	द	ग	ल	ड	प	घ	फ	ढ	र	न	ञ	◌ी	ग
र	घ	ठ	ग	म	च	◌ॉ	क	ल	◌े	ट	ऊ	च	न
ह	स	द	ठ	श	ड	ड	घ	◌ी	द	ह	ढ	क	प
य	◌े	ह	ल	र	उ	ल	ब	थ	व	प	न	◌ी	र
स	ब	ऊ	प	◌ू	न	ढ	ठ	द	ध	◌ी	स	भ	ण
थ	ड	ढ	ष	म	व	प	ग	ड	ल	र	ञ	स	ब

सेब
हाथी चक
केला
ब्रोकोली
अजवाइन
पनीर
चेरी
चिकन
चॉकलेट
अंडा
बैंगन
मछली
अंगूर
हैम
कीवी
मशरूम
चावल
टमाटर
गेहूँ
दही

11 - Family

ब	च	◌्	च	◌ा	छ	ट	द	र	म	◌ा	◌ं	त	ञ
◌े	ह	ए	ब	च	◌्	च	◌े	प	◌ू	र	◌्	व	ज
ट	घ	न	ए	ष	श	च	ऊ	◌ै	त	ब	च	प	न
◌ी	भ	त	◌ी	ज	◌ा	◌े	व	त	व	◌ि	व	ञ	न
ए	ऊ	प	ल	थ	ए	र	ञ	◌ृ	भ	त	◌ी	ज	◌ी
इ	ग	इ	प	◌ि	त	◌ा	न	क	म	◌ा	त	◌ृ	च
इ	न	उ	◌ो	ण	त	भ	ग	उ	व	ड	ई	फ	◌ा
भ	ण	श	त	स	छ	◌ा	ट	थ	ढ	ब	फ	इ	च
य	फ	द	◌ा	द	◌ा	ई	य	ग	ए	ब	◌ी	व	◌ी
ख	द	य	ह	ख	ग	ट	इ	र	उ	ग	फ	थ	त
प	ग	घ	ढ	ड	ल	ग	ह	ब	ढ	व	व	ह	ध
च	◌ा	च	◌ा	ह	म	ढ	ट	ण	ड	ह	ल	इ	फ
ध	ण	ब	ढ	ब	उ	म	ट	उ	छ	न	स	ह	ऊ
म	घ	थ	ए	त	ष	ब	य	ब	ल	ड	थ	ध	उ

पूर्वज
चाची
भाई
बच्चा
बचपन
बच्चे
चचेरा भाई
बेटी
पिता
दादा
पोता
पति
मातृ
मां
भतीजा
भतीजी
पैतृक
बहन
चाचा
बीवी

12 - Farm #1

क	◌ु	त	◌्	त	◌ा	क	◌ृ	ष	◌ि	ण	द	म	ब
ब	◌ि	ल	◌्	ल	◌ी	उ	र	◌्	व	र	क	ध	क
ण	आ	ट	फ	ग	न	भ	द	द	ट	उ	ग	◌ु	र
ऊ	आ	र	ग	भ	च	इ	ञ	ग	ख	इ	आ	म	◌ी
थ	भ	झ	उ	फ	ण	ध	ष	द	ध	प	ड	क	ख
ब	द	◌ु	ऊ	ट	स	घ	◌ो	ड	◌़	◌ा	ब	◌्	न
ख	छ	◌ं	ष	न	द	उ	ढ	ण	स	न	य	ख	ल
प	◌े	ड	ह	ठ	च	◌ा	व	ल	ब	◌ी	ग	◌ी	छ
भ	त	त	◌़	ध	◌ि	ञ	छ	ष	◌ा	ट	ढ	त	य
घ	ण	भ	फ	◌ा	क	फ	ख	ढ	ड	ठ	श	श	ग
◌ा	ऊ	ण	ऊ	ञ	न	ञ	ध	र	◌़	ट	प	य	फ
स	क	◌ौ	आ	ठ	ब	उ	स	ख	ठ	ट	च	उ	ग
थ	ध	र	ध	ए	भ	ल	ध	ऊ	ह	द	ल	ह	◌ा
ग	ब	ब	◌ी	ज	श	ह	द	ग	ध	ड	ग	ट	य

कृषि
मधुमक्खी
बछड़ा
बिल्ली
चिकन
गाय
कौआ
कुत्ता
गधा
बाड़
उर्वरक
खेत
झुंड
बकरी
घास
शहद
घोड़ा
चावल
बीज
पानी

13 - Camping

ढ	ञ	द	ञ	म	ज	◌़	◌ा	ऊ	ञ	ख	स	ख	व
प	ह	◌ा	ड	◌़	च	◌ा	◌ॅ	द	र	घ	◌ा	ट	द
◌े	◌्	श	श	ट	ध	ण	न	ण	ड	स	ह	य	ऊ
ड	य	र	◌ि	ब	ण	फ	ञ	व	ढ	र	स	क	ल
◌़	ड	ऊ	क	थ	उ	छ	प	स	र	ट	◌ि	◌े	उ
त	◌ा	घ	◌ा	◌ृ	ञ	द	ट	ख	च	◌ा	क	ब	ल
च	◌ं	ध	र	ए	त	प	थ	ह	र	प	◌ं	◌ि	र
आ	ग	फ	क	ऊ	◌ं	◌ि	र	व	स	◌ी	फ	न	त
न	◌ी	य	र	ग	ब	भ	स	न	ट	ठ	न	ऊ	आ
व	ञ	स	न	प	◌ू	ष	◌्	क	ए	ड	ड	ध	ब
र	म	ह	◌ा	ब	त	म	स	◌्	◌ी	च	ढ	ण	झ
ष	ड	ब	इ	व	स	घ	◌ी	श	ख	ट	ञ	उ	◌ू
ञ	फ	ग	च	ढ	ग	ऊ	इ	◌ा	द	भ	झ	◌ी	ल
द	◌ि	क	◌्	स	◌ू	च	क	च	ग	छ	ठ	ल	◌ा

साहसिक
जानवरों
केबिन
डोंगी
दिक्सूचक
आग
वन
मज़ा
झूला
टोपी
शिकार करना
कीट
झील
नक्शा
चाँद
पहाड़
प्रकृति
रस्सी
तंबू
पेड़

14 - Cats

ऊ	म	स	थ	ब	श	स	घ	छ	ह	ग	आ	घ	श
ञ	र	ट	◌्	ए	म	फ	◌्	प	◌ा	ग	ल	ज	फ
य	ऊ	फ	र	न	त	घ	ऊ	व	घ	प	◌ू	◌ं	छ
ख	इ	ए	भ	ज	◌े	ह	ह	आ	त	ण	फ	ग	ड
ह	ल	ड	प	◌ि	ज	ह	फ	ड	च	◌ं	ऊ	ल	श
न	◌ी	◌ं	द	ज	ष	फ	◌ी	ध	◌ं	ह	त	◌ी	श
इ	ञ	श	र	◌्	म	◌ी	ल	◌ा	च	र	भ	◌्	ल
छ	ब	इ	प	ञ	ड	ट	त	ग	ल	त	स	ए	र
ढ	ग	ख	ग	◌ा	त	ष	थ	◌ा	ठ	ढ	ड	भ	प
ए	ञ	ख	ख	स	आ	व	◌ो	य	म	ड	ञ	ए	◌ं
च	ढ	उ	प	◌ु	र	ट	ड	थ	ण	य	ठ	व	ज
ट	◌ू	ए	न	श	श	म	◌़	फ	ब	फ	घ	श	◌ा
त	ग	ह	म	ख	त	न	◌ा	श	◌ि	क	◌ा	र	◌ी
ष	त	ए	◌ा	व	◌्	य	क	◌्	त	◌ि	त	◌्	व

स्नेही
पागल
जिज्ञासु
तेज
फर
शिकारी
स्वतंत्र
थोड़ा
चूहा
पंजा
व्यक्तित्व
चंचल
शर्मीला
नींद
पूंछ
जंगली
धागा

15 - Numbers

ए	इ	त	ठ	ऊ	व	म	त	ब	इ	ब	प	थ	त
ञ	फ	भ	ब	फ	ह	ह	◌े	◌ी	च	◌ा	◌ा	प	ठ
थ	प	◌ं	द	◌्	र	ह	र	स	न	र	◌ं	त	ब
थ	न	ख	स	च	◌ौ	द	ह	त	उ	ह	च	श	ए
इ	ख	ग	◌ा	◌ा	च	श	ह	◌्	ल	न	म	ञ	भ
ष	ल	स	त	र	थ	म	ह	र	स	न	ख	ढ	ण
ए	भ	स	घ	न	ढ	ल	ण	ह	ष	ठ	न	ड	अ
क	स	द	◌ो	श	ऊ	व	उ	ष	ल	आ	आ	ठ	ठ
न	◌ौ	ञ	ट	ल	म	ट	प	न	छ	ह	म	ह	◌ा
द	◌ो	छ	ढ	इ	ह	न	ड	ए	◌्	च	ञ	ञ	र
ध	ह	ड	ठ	न	प	ख	ण	ट	ञ	न	ड	ट	ह
ट	य	च	ए	उ	ए	स	थ	ल	श	छ	◌ी	द	म
भ	ग	ध	द	ष	म	ठ	इ	द	न	छ	ढ	स	श
प	ढ	घ	ब	ञ	य	ड	न	ध	च	ख	ट	छ	ग

दशमलव
आठ
अठारह
पंद्रह
पांच
चार
चौदह
नौ
उन्नीस
एक
सात
सत्रह
छह
सोलह
दस
तेरह
तीन
बारह
बीस
दो

16 - Spices

म	क	◌े	स	र	ल	ज	ष	ण	स	स	उ	च	ञ
म	ि◌	र	◌्	च	◌ौ	द	◌ी	व	ष	ऊ	स	द	ट
उ	ह	ठ	व	ठ	◌ं	उ	ल	र	ढ	क	स	उ	इ
घ	ब	न	◌ा	ञ	ग	ह	ऊ	श	◌ा	र	च	ट	ण
अ	ड	ड	द	ई	च	भ	घ	ग	छ	◌ी	छ	र	ढ
द	ञ	व	ध	घ	म	उ	क	ण	ख	च	ट	ख	इ
र	ठ	स	न	त	◌े	व	भ	ड	र	ब	च	व	प
क	ख	ह	ि◌	उ	थ	द	ढ	ठ	◌़	प	र	न	◌्
इ	ल	◌ा	य	च	◌ी	ख	उ	त	इ	व	ष	◌ी	य
ल	ह	ज	◌ा	य	फ	ल	ब	व	इ	ण	◌ा	ल	◌ा
स	स	◌ौ	◌ं	फ	ब	न	व	उ	ग	भ	ढ	◌ा	ज
ए	◌ु	ब	द	◌ा	ल	च	◌ी	न	◌ी	ध	र	ग	स
ह	न	ल	ञ	आ	थ	ब	ख	म	ऊ	प	आ	ञ	द
न	द	◌्	य	प	◌ा	न	म	क	ष	ए	स	र	ऊ

कड़वा
इलायची
दालचीनी
लौंग
धनिया
जीरा
करी
सौंफ
मेथी
स्वाद

लहसुन
अदरक
नद्यपान
जायफल
प्याज
मिर्च
केसर
नमक
मिठाई
वनीला

17 - Mammals

ड	त	ग	क	ल	◌ो	म	ड	◌़	◌ी	द	श	ऊ	च
ऊ	भ	भ	◌ो	र	व	म	ब	ग	आ	ख	◌े	प	ख
च	स	द	य	र	ब	◌ं	द	र	द	ज	र	ऊ	य
न	न	ल	◌ो	ब	◌ि	भ	◌े	ड	◌़	◌ि	य	◌ा	ख
र	श	ग	ट	◌ि	उ	ल	र	ब	ख	र	ह	ण	र
भ	◌े	ड	◌़	ल	ऊ	क	◌्	◌ु	भ	◌ा	ध	आ	ग
भ	घ	ग	उ	◌्	द	◌ु	च	ल	ञ	फ	ठ	ध	◌ो
थ	◌ा	◌ो	प	ल	ब	त	ग	स	◌ा	◌़	स	ड	श
इ	छ	ल	ड	◌ी	◌ि	◌्	ड	◌ॉ	ल	◌्	फ	◌ि	न
य	ख	ञ	◌ू	◌़	ल	त	क	◌ं	ग	◌ा	र	◌ू	ब
ह	◌ा	थ	◌ी	र	◌ा	◌ा	ज	◌़	◌े	ब	र	◌ा	ढ
म	ष	त	भ	ब	व	◌्	ह	◌े	ल	भ	ख	थ	घ
ऊ	च	भ	प	ण	ख	द	छ	द	स	घ	द	घ	ल
द	द	ल	ट	म	ण	ञ	ह	ट	ढ	ख	ट	म	स

भालू
ऊदबिलाव
बुल
बिल्ली
कोयोट
कुत्ता
डॉल्फिन
हाथी
लोमड़ी
जिराफ़

गोरिल्ला
घोड़ा
कंगारू
शेर
बंदर
खरगोश
भेड़
व्हेल
भेड़िया
ज़ेबरा

18 - Fishing

त	उ	ध	◌ै	र	◌्	य	ऋ	त	ज	ब	ड	◌़	◌ा
प	आ	ल	स	ल	झ	ष	त	र	च	व	ध	ब	ठ
◌ा	◌ं	ट	ल	ध	◌ी	इ	◌ु	◌ा	◌ा	न	ल	द	ट
न	ल	ख	◌ो	घ	ल	व	स	ज	र	ऊ	इ	ट	न
◌ी	स	न	प	क	त	ठ	म	◌ू	◌ा	थ	ह	ट	न
ड	ए	द	स	ढ	र	ह	◌ु	क	ल	ल	ऊ	ऊ	च
च	त	◌ी	ण	फ	स	◌ी	द	थ	त	उ	ब	भ	फ
अ	त	◌ि	श	य	◌ो	क	◌्	त	◌ि	प	त	◌ा	र
ड	ष	इ	छ	ध	इ	ग	र	ट	ञ	क	ञ	भ	इ
ग	न	ल	ऊ	फ	य	ऊ	त	ऊ	ष	र	ह	ह	ट
ध	◌ि	न	ठ	न	◌ा	व	ट	भ	उ	ण	ढ	ह	ढ
ण	श	ल	फ	त	ट	ज	य	ह	ह	उ	घ	ढ	श
ल	ल	र	◌्	म	त	न	त	ध	ल	आ	ऊ	म	ए
च	च	त	ह	स	◌ा	ग	र	भ	आ	प	प	ष	प

चारा
टोकरी
समुद्र तट
नाव
रसोइया
उपकरण
अतिशयोक्ति
पंख
गिल्स
हुक
जबड़ा
झील
सागर
धैर्य
नदी
तराजू
ऋतु
पानी
वजन
तार

19 - Restaurant #1

च	द	ल	ए	च	◌ा	क	◌ू	ख	आ	थ	त	ट	ड
◌ि	ञ	ऊ	ल	न	ठ	आ	भ	द	र	ख	म	ब	स
क	ट	◌ो	र	◌ा	◌ै	ण	फ	आ	क	ञ	ल	घ	फ
न	प	ठ	◌्	ञ	ए	प	ड	ढ	◌्	र	◌ो	ट	◌ी
फ	स	फ	ज	ऊ	ड	प	क	ष	ष	द	इ	घ	स
ठ	ब	व	◌ी	ख	ढ	◌्	◌ॉ	◌ि	ण	इ	ल	घ	◌ा
ञ	ड	र	ञ	च	घ	ल	फ	भ	न	ख	घ	त	म
फ	श	श	स	थ	द	◌े	◌़	◌ो	र	ज	ट	न	ग
म	◌ा	◌ं	स	◌ो	ठ	ट	◌ी	ज	श	◌ा	म	ऊ	◌्
◌ि	◌े	न	फ	ट	ई	ह	ऊ	न	ऊ	◌ं	ऊ	उ	र
ठ	ध	न	व	◌े	ट	◌्	र	◌े	स	च	ट	न	◌ी
◌ा	थ	उ	◌्	न	थ	र	ग	ग	ण	◌ी	ड	प	ष
ई	भ	ह	प	य	म	स	◌ा	ल	◌े	द	◌ा	र	भ
छ	ढ	र	स	फ	◌ू	च	न	ड	प	उ	ञ	म	स

एलर्जी
कटोरा
रोटी
खजांची
चिकन
कॉफ़ी
मिठाई
भोजन
सामग्री
रसोई

चाकू
मांस
मेन्यू
नैपकिन
प्लेट
आरक्षण
चटनी
मसालेदार
वेट्रेस

20 - Bees

छ	ण	इ	थ	छ	ञ	प	भ	द	भ	र	श	स	ल
त	ख	फ	ञ	ख	थ	◌ौ	र	◌ो	च	ध	ह	◌ू	◌ा
◌्	व	ख	ग	इ	थ	ध	ल	◌ा	ज	च	द	र	भ
त	भ	च	फ	ष	त	◌े	न	ख	ग	न	ह	◌्	क
◌ा	ष	ल	ह	ल	व	◌ि	व	◌ि	ध	त	◌ा	य	◌ा
द	फ	भ	ह	म	◌ो	म	ड	ल	◌ु	ड	न	उ	र
ब	ग	◌ी	च	◌ा	ष	र	प	न	आ	ब	ए	फ	◌ी
ण	प	र	◌ा	ग	ण	क	भ	◌ा	◌ँ	ठ	ण	◌ू	ए
ञ	न	◌ा	स	ड	व	◌ौ	प	ह	थ	स	स	ल	ऊ
ट	म	न	य	च	त	ट	ख	ठ	व	उ	ऊ	ऊ	न
म	ए	◌ी	उ	भ	झ	ष	थ	ख	ऊ	ल	ख	आ	ष
ऊ	ठ	य	ब	ख	◌ु	ञ	च	ब	फ	ण	ख	ठ	ऊ
न	ठ	श	ए	ण	◌ं	त	ञ	त	ञ	प	ल	प	फ
ण	ग	ल	उ	ण	ड	घ	इ	स	ट	ल	प	◌ं	ख

लाभकारी
खिलना
विविधता
फूल
भोजन
फल
बगीचा
छत्ता
शहद
कीट
पौध
पराग
परागणक
रानी
धुआँ
सूर्य
झुंड
मौम
पंख

21 - Sports

ज	ब	स	च	र	म	ग	थ	ऊ	व	ख	च	ष	ख
◌ि	◌ा	ए	य	◌ै	◌े	न	ष	व	◌ि	◌ि	भ	ध	ढ
म	स	म	ब	घ	म	फ	ह	ञ	ज	ल	ऊ	ष	ण
न	◌्	व	प	स	प	◌्	र	आ	◌े	◌ा	ष	म	श
◌ा	क	◌्	ढ	ल	ण	प	प	◌ी	त	ड	ख	ट	ण
स	◌े	य	य	घ	ए	ग	त	◌ि	◌ा	◌़	भ	◌े	ब
◌्	ट	◌ा	स	ग	स	ढ	द	ल	य	◌ी	ब	न	ल
ट	ब	य	द	ञ	◌्	ह	ञ	ड	ग	न	उ	◌ि	ट
◌ि	◌ॉ	◌ा	ठ	श	ट	◌ॉ	ध	उ	◌ो	ह	श	स	◌ी
क	ल	म	च	ह	◌े	क	◌ो	च	ल	ट	ठ	◌ि	म
ड	इ	श	ढ	व	ड	◌ी	फ	फ	◌्	ट	छ	ट	प
न	स	◌ा	इ	क	◌ि	ल	ख	फ	फ	ग	त	ट	ऊ
ध	च	ल	ल	र	य	ब	◌े	स	ब	◌ॉ	ल	घ	ढ
ण	ड	◌ा	आ	ण	म	घ	स	स	न	र	म	आ	ऊ

बेसबॉल
बास्केटबॉल
साइकिल
चैम्पियनशिप
कोच
खेल
गोल्फ
व्यायामशाला
जिमनास्टिक
हॉकी
गति
खिलाड़ी
रेफरी
स्टेडियम
टीम
टेनिस
विजेता

22 - Weather

र	स	भ	त	उ	य	ब	◌ा	ढ	◌़	ढ	स	च	उ
ह	◌ू	च	ष	फ	ऊ	थ	ए	भ	आ	ठ	भ	घ	ष
ढ	ख	ह	व	◌ा	ञ	उ	श	ब	ि◌	ज	ल	◌ी	◌्
व	◌ा	य	◌ु	म	◌ं	ड	ल	त	◌ा	ड	ग	इ	ण
क	◌ो	ह	र	◌ा	भ	इ	ल	◌ा	उ	द	ध	ब	क
ज	ह	इ	छ	न	म	◌ं	ल	प	द	आ	ल	व	ट
आ	ल	घ	फ	स	ग	द	इ	म	प	ख	आ	◌ं	ि◌
इ	क	व	छ	◌ू	र	◌्	श	◌ा	◌ं	त	◌ं	ड	ब
थ	ध	◌ा	◌ा	न	ज	र	व	न	घ	ब	ध	र	◌ं
व	प	श	श	य	प	ध	◌्	र	◌ु	व	◌ी	य	ध
ठ	र	व	इ	आ	◌ु	न	प	ए	ब	र	◌्	फ	◌ी
ठ	त	भ	ड	ल	ठ	◌ु	ह	आ	ष	ट	ग	ग	य
च	त	◌ू	फ	◌ा	न	ष	र	च	द	त	ए	न	ए
ढ	ञ	इ	ढ	उ	न	श	फ	ड	ड	भ	ञ	ब	ढ

वायुमंडल
शांत
जलवायु
बादल
सूखा
बाढ़
कोहरा
तूफ़ान
बर्फ
बिजली
मानसून
ध्रुवीय
इंद्रधनुष
आकाश
आंधी
तापमान
गरज
बवंडर
उष्णकटिबंधीय
हवा

23 - Adventure

य	श	ऊ	ण	द	य	उ	ख	आ	उ	र	स	घ	ञ
च	ड	फ	अ	स	◌ा	म	◌ा	न	◌्	य	◌ु	ल	ष
फ	च	◌ु	न	◌ौ	त	◌ि	य	◌ो	◌ं	प	र	ग	ख
आ	त	ट	य	य	◌्	व	ल	प	इ	◌्	क	◌ं	ह
र	ड	ढ	◌ा	उ	र	ब	ए	थ	फ	र	◌्	त	च
ण	व	◌ी	र	त	◌ा	ए	ढ	प	ठ	क	ष	व	ख
क	भ	ष	ञ	◌्	अ	उ	द	◌्	स	◌ृ	◌ा	◌्	त
भ	ठ	ध	द	स	व	व	◌ो	र	◌ु	त	ग	य	◌ै
ष	◌्	◌ि	छ	◌ा	ढ	द	स	द	◌ं	◌ि	श	स	य
न	ड	र	न	ह	ध	ऊ	◌्	र	द	थ	फ	घ	◌ा
ल	म	ख	म	◌ा	व	इ	त	◌्	र	थ	य	ग	र
श	स	ह	थ	ण	ई	ड	◌ो	श	त	स	घ	व	◌ी
ख	त	र	न	◌ा	क	फ	◌ं	न	◌ा	ह	र	◌्	ष
म	ह	ड	ग	त	◌ि	व	◌ि	ध	◌ि	म	◌ौ	क	◌ा

गातोवोध
सुंदरता
वीरता
चुनौतियों
मौका
खतरनाक
गंतव्य
कठिनाई
उत्साह
भ्रमण
दोस्तों
हर्ष
प्रकृति
पथ प्रदर्शन
नया
अवसर
तैयारी
सुरक्षा
यात्रा
असामान्य

24 - Circus

ण	ख	य	ग	प	ण	इ	घ	म	स	ख	स	ट	ण
र	ऊ	ञ	◌ु	र	◌ो	ज	◌ा	द	◌ू	ब	◌ं	द	र
ञ	प	श	ब	◌े	त	श	ज	◌ा	द	◌ू	ग	र	त
ण	ख	◌े	◌्	ड	ध	म	◌ा	ब	घ	न	◌ी	उ	त
ध	छ	र	ब	छ	त	ञ	न	क	ए	ढ	त	छ	ब
य	घ	ज	◌ा	छ	ए	थ	व	◌ै	त	भ	थ	न	द
म	न	◌ो	र	◌ं	ज	न	र	◌ं	ब	ध	प	ह	आ
घ	द	क	◌े	ट	ह	प	◌ो	ड	◌ा	व	ब	ञ	फ
ह	ञ	र	भ	ल	न	ग	◌ं	◌ी	घ	च	ण	न	ट
फ	द	ऊ	◌्	ल	न	ट	आ	ठ	फ	व	ब	आ	आ
त	◌ं	ब	◌ू	श	उ	ह	आ	इ	ह	घ	फ	उ	छ
फ	ह	ऊ	द	घ	क	ब	◌ा	ज	◌ी	ग	र	छ	म
प	◌्	र	द	र	◌्	श	न	थ	ख	ड	इ	ल	भ
ण	ढ	छ	म	भ	ण	त	ढ	स	◌ी	उ	इ	ण	ग

नट
जानवरों
गुब्बारे
कैंडी
जोकर
पोशाक
हाथी
मनोरंजन
बाजीगर
शेर
जादू
जादूगर
बंदर
संगीत
परेड
प्रदर्शन
दर्शक
तंबू
बाघ
छल

25 - Restaurant #2

इ	घ	ट	व	म	ञ	म	न	स	ष	च	ष	द	ब
उ	उ	फ	फ	ञ	आ	स	◌ू	इ	ट	छ	स	◌ो	ट
क	स	छ	छ	क	◌े	क	ड	भ	ञ	ल	◌्	प	घ
◌ा	इ	◌ू	द	ष	र	ठ	ल	फ	स	ख	व	ह	प
◌ं	व	च	प	क	◌ु	र	◌्	स	◌ी	ड	◌ा	र	◌ा
ट	◌े	म	अ	ढ	र	ढ	स	ल	◌ा	द	द	क	न
◌ा	ट	◌्	उ	◌ं	ल	आ	ब	र	◌्	फ	◌ि	◌ा	◌ी
थ	र	म	ध	छ	ड	फ	◌्	प	फ	भ	ष	भ	थ
न	ढ	च	फ	उ	च	◌े	ज	ह	ठ	म	◌्	◌ो	स
ब	म	ञ	व	भ	व	उ	◌ि	ञ	ट	स	ट	ज	घ
र	ए	क	ध	घ	ऊ	द	य	फ	ल	◌ा	प	न	त
फ	च	इ	द	ट	य	छ	◌ा	घ	च	ल	◌े	ठ	ढ
म	छ	ल	◌ी	ड	फ	र	◌ं	ट	ड	◌े	य	फ	ब
र	◌ा	त	क	◌ा	ख	◌ा	न	◌ा	र	ल	फ	ए	ध

पेय
केक
कुर्सी
स्वादिष्ट
रात का खाना
अंडे
मछली
कांटा
फल
बर्फ

दोपहर का भोजन
नूडल्स
सलाद
नमक
सूप
मसाले
चम्मच
सब्जियां
वेटर
पानी

26 - Geology

क	◌्	र	◌ि	स	◌्	ट	ल	ध	छ	ञ	ढ	व	म
ए	ड	ज	◌्	व	◌ा	ल	◌ा	म	◌ु	ख	◌ी	द	ण
स	◌्	ट	◌ै	ल	◌े	क	◌्	ट	◌ि	ट	द	थ	घ
◌ि	उ	आ	ह	ब	उ	◌्	ग	ख	ख	ण	च	स	ञ
ड	ब	फ	थ	व	व	व	प	◌ु	ञ	इ	क	इ	भ
न	ध	र	आ	फ	ग	◌ा	ए	भ	फ	ञ	◌्	ख	◌ू
म	◌ू	◌ं	ग	◌ा	प	र	त	प	ठ	◌ा	र	न	क
क	घ	ल	क	◌ै	ल	◌्	श	◌ि	य	म	व	◌ि	◌ं
ट	स	न	ञ	श	ब	ट	ए	ए	ञ	ह	ठ	ज	प
◌ा	उ	इ	ख	ध	ए	◌्	य	ष	ल	ग	न	ण	ह
व	व	भ	भ	इ	ध	ज	◌ी	व	◌ा	श	◌्	म	त
द	ह	ए	ख	म	ह	◌ा	द	◌्	व	◌ी	प	आ	फ
प	त	◌्	थ	र	फ	श	म	आ	◌ा	फ	फ	र	छ
प	◌ि	घ	ल	◌ा	ह	◌ु	आ	ञ	र	घ	प	ब	ड

एसिड
कैल्शियम
गुफा
महाद्वीप
मूंगा
क्रिस्टल
चक्र
भूकंप
कटाव
जीवाश्म
लावा
परत
खनिज
पिघला हुआ
पठार
क्वार्ट्ज
नमक
स्टैलेक्टिट
पत्थर
ज्वालामुखी

27 - House

त	ड	ढ	य	स	ग	ञ	फ	ट	ढ	ब	ह	ख	च
स	ण	ण	व	फ	इ	उ	इ	द	अ	र	ष	प	व
ब	भ	ख	ग	◌ै	र	◌े	ज	ल	ट	त	स	फ	छ
झ	◌ा	◌ि	प	◌ु	स	◌्	त	क	◌ा	ल	य	◌ो	त
◌ा	ब	ड	फ	न	च	प	न	द	र	ख	ण	च	ई
ड	◌ौ	◌़	◌़	स	ऊ	र	इ	◌ी	◌ी	ष	द	प	ऊ
◌़	छ	क	ढ	क	क	◌्	ष	व	च	म	र	ऊ	क
◌ू	◌ा	◌ी	फ	ञ	छ	द	ल	◌ा	◌ि	र	व	ढ	◌ु
ठ	र	फ	च	न	ए	◌े	ञ	र	म	म	◌ा	ह	◌ं
प	च	ट	घ	भ	य	ग	ध	य	न	ग	ज	ष	ज
न	आ	इ	व	त	उ	ष	ब	ग	◌ी	च	◌ा	ध	◌ी
य	ह	र	य	स	आ	फ	उ	ञ	ऊ	त	ह	भ	ञ
द	र	◌्	प	ण	ड	आ	ख	द	◌ी	प	क	छ	ह
ड	न	म	घ	ल	ऊ	इ	ञ	ग	र	द	न	द	र

अटारी
झाड़ू
पर्दे
दरवाजा
बाड़
चिमनी
तल
फर्नीचर
गैरेज
बगीचा
कुंजी
रसोई
दीपक
पुस्तकालय
दर्पण
छत
कक्ष
बौछार
दीवार
खिड़की

28 - Comedy

च	म	ल	क	ण	ट	ल	फ	न	इ	त	अ	ञ	अ
◌ु	श	भ	◌ा	य	◌े	थ	घ	छ	ठ	ख	भ	स	भ
ट	स	इ	म	थ	ल	ष	◌ि	ख	ह	ह	◌ि	ख	◌ि
क	द	च	च	ग	◌ी	स	श	ए	ध	स	न	ल	न
◌ु	घ	व	ल	ष	व	र	प	उ	ट	च	◌े	इ	◌े
ल	ड	स	◌ा	न	◌ि	ख	म	श	श	र	त	ऊ	त
◌े	प	◌ू	ऊ	र	ज	ञ	ज	उ	◌ै	ल	◌ा	◌ु	◌्
प	र	च	प	ष	न	ह	◌़	व	ल	भ	प	स	र
न	उ	क	त	ञ	इ	प	◌ा	ढ	◌ी	न	◌ै	ड	◌ी
व	◌ा	ह	व	◌ा	ह	◌ी	द	स	ल	ग	र	प	ड
म	म	◌ॅ	ए	ग	ष	द	र	ग	◌्	ज	◌ो	क	र
न	आ	स	ध	प	च	म	◌्	ख	ञ	य	ड	ऊ	म
ख	ष	◌ी	च	ध	ऊ	ढ	श	इ	उ	ख	◌ी	ठ	भ
ड	भ	र	र	ढ	फ	ए	क	व	न	प	ञ	ह	ण

अभिनेता
अभिनेत्री
वाहवाही
दर्शक
चतुर
जोकर
सूचक
मज़ा
शैली
हास्य
कामचलाऊ
चुटकुले
हँसी
पैरोडी
टेलीविजन
थिएटर

29 - Bathroom

न	ध	ऊ	ए	उ	ध	र	क	श	ग	द	ड	ञ	ढ
श	ण	ग	उ	उ	ख	न	◌ै	द	त	च	ग	श	थ
भ	व	ढ	घ	ऊ	भ	उ	◌ं	द	◌ौ	ञ	प	ण	फ
भ	ध	ए	ब	ग	श	◌ौ	च	◌ा	ल	य	ष	फ	ल
न	ग	ग	ग	◌ु	ध	भ	◌ी	उ	◌ि	स	श	म	भ
द	ल	आ	ल	भ	ल	◌ो	श	न	य	◌्	ए	ऊ	व
स	ढ	ग	◌ी	◌ा	इ	ब	ए	ग	◌ा	प	द	ब	व
उ	◌ा	य	च	प	त	ख	◌ु	ढ	ञ	◌ं	ञ	ख	थ
आ	श	ब	◌ा	ह	◌्	ल	ष	ल	स	ज	भ	ट	थ
उ	◌ै	म	◌ु	द	र	◌्	प	ण	◌े	ए	द	स	ञ
न	म	ए	त	न	य	ब	◌ौ	छ	◌ा	र	उ	ए	भ
स	◌्	न	◌ा	न	प	◌ा	न	◌ी	ल	थ	ब	च	द
ब	प	ढ	ह	ख	घ	उ	थ	प	न	ञ	य	ल	ट
म	◌ू	ट	ड	न	ष	आ	ञ	य	उ	ल	द	फ	फ

स्नान
बुलबुले
नल
लोशन
दर्पण
इत्र
गलीचा
कैंची
शैम्पू
बौछार
साबुन
स्पंज
भाप
शौचालय
तौलिया
पानी

30 - School #1

व	प	भ	त	उ	क	प	द	प	र	स	द	व	च
प	र	म	ग	च	क	ढ	◌ो	◌ु	म	◌ं	◌ो	ग	आ
◌े	प	◌्	ऊ	ट	◌्	ग	स	स	श	ख	प	प	द
◌ं	र	ट	ण	ल	ष	भ	◌्	◌्	◌ि	◌्	ह	प	ड
स	◌ी	न	म	म	◌ा	घ	त	त	क	य	र	ढ	व
◌ि	क	भ	ज	व	◌ा	ब	◌ो	क	◌्	◌ा	क	स	र
ल	◌्	ट	◌़	ल	क	ल	◌ं	◌ा	ष	ए	◌ा	ख	ञ
ष	ष	ट	◌ा	घ	ड	◌ु	◌ा	ल	क	◌ँ	भ	ग	ब
क	◌ा	ग	ज	ग	◌े	क	र	य	व	इ	◌ो	च	व
य	ह	न	ष	ण	स	थ	ल	◌्	ए	ग	ज	च	ढ
ए	र	ञ	इ	◌ि	◌्	फ	ड	म	स	श	न	छ	र
प	◌ु	स	◌्	त	क	◌े	◌ं	ख	प	◌ी	ध	श	व
प	◌्	र	श	◌्	न	◌ो	त	◌्	त	र	◌ी	फ	ढ
न	फ	◌़	◌ो	ल	◌्	ड	र	ग	र	श	त	न	द

वर्णमाला
जवाब
पुस्तकें
कुर्सी
कक्षा
डेस्क
परीक्षा
फ़ोल्डर
दोस्तों
मज़ा
पुस्तकालय
दोपहर का भोजन
गणित
संख्याएँ
कागज
पेंसिल
कलम
प्रश्नोत्तरी
शिक्षक

31 - Dance

स	भ	ण	स	घ	र	फ	श	आ	आ	प	श	इ	श
◌ा	स	म	ल	ल	उ	ट	ख	स	◌ं	ग	◌ी	त	◌ा
◌ं	य	स	म	थ	म	म	ए	न	घ	प	ट	फ	स
स	ञ	स	ठ	अ	घ	ह	क	ह	ट	र	ख	ठ	◌्
◌्	न	◌ं	ष	ञ	क	उ	ल	उ	इ	ए	ष	आ	त
क	◌ृ	स	घ	भ	द	◌ा	◌ा	ऊ	उ	ग	स	च	◌्
◌ृ	त	◌्	श	ए	स	श	द	द	य	थ	श	न	र
त	◌्	क	◌ृ	प	◌ा	र	ग	म	त	य	ब	घ	◌ी
◌ि	य	◌ृ	ध	उ	थ	◌ी	◌ि	ठ	◌ी	त	म	ख	य
क	क	त	उ	य	◌ी	र	ऊ	ह	र	◌्	ष	◌ि	त
ह	ल	◌ि	भ	◌ा	व	न	◌ा	त	र	ग	ल	प	स
द	◌ा	ट	ञ	ह	भ	आ	म	◌ा	ठ	◌्	त	र	◌ू
प	र	◌ं	प	र	◌ा	ग	त	ल	म	ल	स	◌ि	च
द	◌ृ	श	◌्	य	प	स	व	ऊ	छ	ण	इ	ल	क

अकादमी
कला
शरीर
नृत्यकला
शास्त्रीय
सांस्कृतिक
संस्कृति
भावना
सूचक
कृपा
हर्षित
गति
संगीत
साथी
आसन
रिहर्सल
ताल
परंपरागत
दृश्य

32 - Climbing

स	द	प	स	ष	त	घ	ण	व	न	ञ	स	स	आ
स	◌ं	स	ऊ	ल	ए	र	त	◌ा	क	त	श	◌्	न
फ	ह	क	◌्	ग	◌ा	इ	ड	य	◌्	ल	◌ा	थ	ञ
ज	व	र	◌ौ	त	ख	थ	च	◌ु	श	ड	र	◌ि	य
ल	◌ि	य	ञ	र	◌ा	ब	ख	म	◌ा	ञ	◌ी	र	र
थ	श	ज	ट	ठ	◌्	न	त	◌ं	फ	च	र	त	थ
ढ	◌े	भ	◌्	म	ष	ण	◌े	ड	ध	आ	◌ि	◌ा	च
ठ	ष	उ	च	ञ	द	छ	ग	ल	ह	ध	क	ट	ण
ल	ज	भ	◌ू	भ	◌ा	ग	◌ु	ख	◌े	य	ढ	ढ	स
य	◌्	ग	ल	ड	स	स	फ	ण	ल	म	आ	ट	र
ञ	ञ	म	ट	ऊ	◌ं	च	◌ा	ई	म	श	श	र	र
च	◌ु	न	◌ौ	त	◌ि	य	◌ा	◌ं	◌े	ड	ह	ड	ट
◌ा	ज	◌ू	त	◌े	स	उ	ञ	त	ट	थ	ठ	ड	ध
ट	य	स	प	◌्	र	श	◌ि	क	◌्	ष	ण	ए	आ

ऊंचाई
वायुमंडल
जूते
गुफा
चुनौतियों
जिज्ञासा
विशेषज्ञ
दस्ताने
गाइड
हेलमेट
चोट
नक्शा
संकीर्ण
शारीरिक
स्थिरता
ताकत
भूभाग
प्रशिक्षण

33 - Shapes

ध	द	ण	ब	क	त	◌्	र	ि◌	क	◌ो	ण	छ	अ
य	◌ो	ख	ण	ह	◌ो	ह	स	त	प	ष	श	ब	◌ं
र	र	ष	प	इ	◌ु	न	ऊ	न	म	ढ	ब	ल	ड
न	◌्	य	व	छ	ए	भ	◌े	ट	व	ग	ट	ण	◌ा
स	घ	ञ	ल	स	ण	छ	◌ु	प	ढ	घ	न	घ	क
ष	व	क	◌्	र	स	फ	म	ज	द	ख	ध	श	◌ा
भ	◌ृ	प	◌्	र	ि◌	ज	◌्	म	घ	आ	प	◌ं	र
व	त	ए	इ	आ	ल	ग	ढ	च	◌ा	प	आ	क	ल
◌ृ	◌्	ग	प	य	◌े	व	र	◌्	ग	ि◌	क	◌ु	प
त	त	आ	र	त	◌ं	प	ञ	प	छ	र	ह	◌्	भ
◌्	ल	ग	◌े	फ	ड	इ	ए	द	घ	◌ा	स	ण	ष
त	ष	◌ो	ख	ढ	र	ए	ठ	ढ	श	म	ड	ब	ख
ढ	य	ल	◌ा	व	स	प	फ	ख	ण	ि◌	त	ग	ग
क	ि◌	न	◌ा	र	◌ो	◌ं	ब	ण	न	ड	घ	ऊ	स

चाप
वृत्त
शंकु
कोने
घन
वक्र
सिलेंडर
किनारों
दीर्घवृत्त
रेखा

अंडाकार
बहुभुज
प्रिज्म
पिरामिड
आयत
गोल
पक्ष
वर्ग
त्रिकोण

34 - Scientific Disciplines

छ	क	ढ	प	श	र	◌ी	र	र	च	न	◌ा	ऊ	ड
प	ष	◌ा	ए	◌ु	म	भ	घ	व	स	भ	ह	ड	थ
फ	म	थ	इ	य	र	स	ह	ध	ग	प	य	म	ल
ब	ञ	ण	छ	न	ट	◌ा	ब	फ	घ	ध	थ	द	र
च	ड	न	ञ	ग	◌्	न	त	उ	ञ	ख	फ	च	◌ो
स	म	◌ा	ज	श	◌ा	स	◌्	त	◌्	र	आ	उ	ब
ड	ह	ख	ग	◌ो	ल	व	◌ि	ज	◌्	ञ	◌ा	न	◌ो
ज	◌ी	व	र	स	◌ा	य	न	य	ब	व	ठ	ह	ट
य	◌ा	◌ं	त	◌्	र	◌ि	क	◌ी	◌ो	ए	ण	ऊ	◌ि
ख	ष	भ	प	घ	त	ढ	श	ट	ऊ	ल	म	ण	क
स	ष	स	◌ो	च	छ	ह	ध	ण	ढ	छ	◌ॉ	घ	◌्
ढ	भ	◌ा	ष	◌ा	व	◌ि	ज	◌्	ञ	◌ा	न	ज	स
न	प	त	ण	भ	◌ू	व	◌ि	ज	◌्	ञ	◌ा	न	◌ी
म	न	◌ो	व	◌ि	ज	◌्	ञ	◌ा	न	ट	ष	ग	इ

शरीर रचना
पुरातत्व
खगोल विज्ञान
जीव रसायन
भूविज्ञान
काइन्सियोलॉजी
भाषाविज्ञान
यांत्रिकी
पोषण
मनोविज्ञान
रोबोटिक्स
समाज शास्त्र

35 - School #2

ह	ड	ए	भ	उ	न	प	◌ु	स	◌्	त	क	◌े	◌ं
घ	ग	ख	ढ	ढ	ब	◌ै	ग	◌ा	ञ	ख	◌ै	ख	श
छ	थ	प	आ	ढ	ग	ध	थ	ह	ध	स	◌ं	र	◌ै
छ	च	ध	◌े	ए	व	भ	थ	◌ि	उ	ऊ	च	प	क
र	ब	ड	◌़	◌ं	ख	थ	इ	त	व	र	◌ी	◌ु	◌्
ऊ	उ	प	ढ	ब	स	च	व	◌्	◌्	इ	भ	स	ष
श	◌ि	क	◌्	ष	क	◌ि	च	य	य	ड	आ	◌्	◌ि
श	◌ि	क	◌्	ष	◌ा	स	ल	प	◌ा	श	फ	त	क
आ	प	◌ू	र	◌्	त	◌ि	◌ं	न	क	ब	ट	क	◌ा
व	◌ि	ज	◌्	ञ	◌ा	न	ञ	ग	र	◌्	स	◌ा	ग
ऊ	क	◌ै	ल	◌े	◌ं	ड	र	ख	ण	द	ब	ल	ज
द	◌ो	स	◌्	त	◌ो	◌ं	ष	प	ख	क	ड	य	थ
स	प	◌्	त	◌ा	ह	◌ा	◌ं	त	ए	◌ो	स	उ	थ
ग	ञ	फ	उ	उ	ढ	ए	ढ	ख	य	श	घ	फ	ब

शैक्षिक
बैग
पुस्तकें
बस
कैलेंडर
संगणक
शब्दकोश
शिक्षा
रबड़
दोस्तों

व्याकरण
पुस्तकालय
साहित्य
कागज
पेंसिल
विज्ञान
कैंची
आपूर्ति
शिक्षक
सप्ताहांत

36 - Science

आ	थ	ल	ऊ	श	ग	ए	य	ह	ल	प	य	आ	ढ
ख	न	◌ि	ज	क	ण	ख	आ	ऊ	थ	ब	◌ौ	द	त
ञ	इ	ण	ष	न	न	उ	फ	र	ज	ब	ज	ध	र
ऊ	ह	ल	ब	ऊ	ड	◌े	ट	◌ा	◌ी	◌ी	ल	प	◌े
अ	ण	◌ु	ओ	◌ं	स	ख	प	स	व	व	व	र	प
ख	त	थ	◌्	य	घ	ख	◌्	◌ा	◌ा	इ	◌ा	◌ि	◌्
उ	प	र	म	◌ा	ण	◌ु	र	य	श	व	य	क	र
ह	ह	ब	◌ी	ऊ	ल	ब	य	न	◌्	म	◌ु	ल	य
ठ	छ	फ	इ	क	थ	ध	◌ो	◌ि	म	ख	ष	◌्	◌ो
व	◌ि	क	◌ा	स	◌ा	ड	ग	क	म	श	थ	प	ग
भ	◌ौ	त	◌ि	क	व	◌ि	ज	◌्	ञ	◌ा	न	न	श
व	◌ै	ज	◌्	ञ	◌ा	न	◌ि	क	य	च	ठ	◌ा	◌ा
प	◌्	र	क	◌ृ	त	◌ि	छ	ड	द	ए	ब	घ	ल
ग	◌ु	र	◌ु	त	◌्	व	◌ा	क	र	◌्	ष	ण	◌ा

परमाणु
रासायनिक
जलवायु
डेटा
विकास
प्रयोग
तथ्य
जीवाश्म
गुरुत्वाकर्षण
परिकल्पना
प्रयोगशाला
तरीका
खनिज
अणुओं
प्रकृति
जीव
कण
भौतिक विज्ञान
पौधे
वैज्ञानिक

37 - To Fill

घ	फ	ठ	त	ध	छ	च	ल	ल	भ	छ	ट	ए	छ
◌ा	ब	◌़	आ	ऊ	ब	ट	ब	◌ै	र	ल	◌्	स	ब
ट	ग	ख	◌ो	ह	ह	ध	ल	◌ो	छ	उ	य	ए	ब
◌ी	◌ो	ठ	ध	ल	भ	त	म	द	त	घ	◌ू	य	◌ॉ
ऊ	द	क	ण	त	◌्	ट	◌्	र	◌े	ल	ब	क	क
ड	म	प	र	य	ण	ड	च	◌ा	स	च	र	◌ा	◌्
ट	ग	त	ब	◌ी	घ	त	र	ज	द	ऊ	ख	र	स
◌ो	ल	◌ि	फ	◌ा	फ	◌ा	ट	ऊ	ए	ग	प	◌्	फ
क	द	च	ट	उ	आ	ठ	र	ढ	ल	ट	◌ै	ट	◌ू
र	ञ	थ	◌ै	ल	◌ा	ऊ	ज	◌े	ब	ब	क	न	ल
◌ा	ब	◌ा	ल	◌्	ट	◌ी	द	आ	श	ष	◌े	ध	द
स	◌ू	ट	क	◌े	स	र	ण	घ	ह	र	ट	ह	◌ा
थ	घ	आ	ञ	ञ	ष	थ	ऊ	स	फ	ठ	त	आ	न
ग	व	इ	र	य	ब	आ	ञ	त	व	ञ	न	उ	ण

थैला
बैरल
घाटी
टोकरी
बोतल
बॉक्स
बाल्टी
कार्टन
टोकरा
दराज
लिफाफा
फ़ोल्डर
पैकेट
जेब
सूटकेस
ट्रे
टब
ट्यूब
फूलदान

38 - Summer

स	म	◌ु	द	◌्	र	त	ट	ल	थ	उ	ल	स	प
म	◌ि	स	◌ं	ग	◌ी	त	ए	ख	ग	थ	ए	◌ै	◌ु
◌ु	द	त	ख	ध	उ	य	इ	त	श	ख	स	◌ं	स
द	◌ो	छ	◌ा	ह	थ	ड	स	अ	श	न	आ	ड	◌्
◌्	स	◌ु	व	र	ड	◌ा	इ	व	◌ि	◌ं	ग	ल	त
र	◌्	ट	भ	◌्	◌े	ह	ण	क	थ	ढ	च	थ	क
प	त	◌्	ण	ष	र	प	ए	◌ा	भ	आ	ठ	भ	◌े
उ	◌ो	ट	श	च	◌ा	ह	र	श	घ	फ	व	ल	◌ं
फ	◌ं	◌ी	ख	छ	ड	ब	ए	◌ि	र	छ	◌ि	छ	ञ
य	◌ा	द	◌े	◌ं	◌ा	थ	ग	ध	व	फ	श	ल	ठ
इ	ध	भ	ल	ड	ल	ध	ए	◌ी	च	◌ा	◌्	ग	म
ल	ल	◌ो	प	ढ	न	ण	च	उ	च	आ	र	ठ	ल
भ	छ	ज	ण	ढ	◌ा	छ	द	य	आ	◌ा	◌ा	श	ब
स	प	न	य	◌ा	त	◌्	र	◌ा	भ	ण	म	फ	त

समुद्र तट
पुस्तकें
डेरा डालना
डाइविंग
परिवार
भोजन
दोस्तों
खेल
बगीचा
घर
हर्ष
अवकाश
यादें
संगीत
विश्राम
सैंडल
समुद्र
सितारे
यात्रा
छुट्टी

39 - Clothes

ए	फ	ऊ	फ	ख	स	◌ै	◌ं	ड	ल	ट	ल	उ	स
इ	र	भ	द	स	◌्	त	◌ा	न	◌े	श	◌ो	ए	त
ग	ञ	ठ	घ	थ	क	प	ठ	थ	उ	ऊ	ड	प	न
स	◌्	व	◌े	ट	र	◌ो	च	ठ	ठ	ल	ल	◌्	◌ौ
छ	न	च	ञ	ग	◌्	श	ष	ल	प	घ	न	र	आ
द	◌ु	प	ट	◌्	ट	◌ा	आ	ध	छ	◌ै	म	न	इ
आ	भ	◌ू	ष	ण	ध	क	ठ	ज	ध	क	◌ं	ग	न
प	◌ा	ज	◌ा	म	◌ा	भ	फ	◌ौ	ऊ	ठ	श	ट	ष
ख	च	ञ	छ	ष	श	आ	श	न	ब	◌े	ल	◌्	ट
ह	ब	म	फ	क	म	◌ी	ज	◌्	ऊ	फ	श	त	च
भ	ग	ढ	ज	◌ै	क	◌े	ट	स	म	च	भ	ज	म
स	छ	क	ड	प	श	ब	◌्	ल	◌ा	उ	ज	◌ू	ष
त	ढ	◌ो	न	ह	ठ	न	ब	ह	ष	ण	ष	त	ध
ठ	ञ	ट	च	ह	ऊ	ग	ष	द	द	त	फ	◌ा	ष

एप्रन
बेल्ट
ब्लाउज
कंगन
कोट
पोशाक
फैशन
दस्ताने
टोपी
जैकेट
जीन्स
आभूषण
पाजामा
पैंट
सैंडल
दुपट्टा
कमीज
जूता
स्कर्ट
स्वेटर

40 - Insects

ठ	र	आ	म	म	ख	श	घ	फ	य	श	द	ड	ध
ढ	ण	ढ	ह	म	ध	◌ु	म	क	◌्	ख	◌ी	◌्	न
प	ट	छ	ञ	ह	आ	भ	भ	◌ृ	◌ं	ग	म	र	क
प	◌ि	स	◌्	स	◌ू	ए	फ	◌ि	ड	क	क	◌ै	◌ु
म	ड	ल	ट	त	ऊ	म	ख	श	◌ं	◌ी	ह	ग	ट
च	◌्	प	◌ा	त	◌ि	त	ल	◌ी	ए	ड	च	न	क
◌्	ड	त	व	र	ए	च	ऊ	श	ग	◌़	◌ी	फ	◌ी
छ	◌ी	◌ि	त	र	◌्	ह	ठ	क	ठ	◌ा	◌ं	◌्	छ
र	ढ	ल	न	◌ै	र	व	छ	◌ी	श	स	ट	ल	म
ट	प	च	फ	ख	य	ल	◌ा	ट	ब	◌ि	◌ी	◌ा	म
श	ट	ट	न	ट	र	◌ा	ठ	द	ग	क	त	ई	य
ग	इ	◌्	ह	इ	ल	न	न	ठ	ध	◌ा	स	र	ल
व	थ	ट	ह	ए	र	ग	ल	ण	ख	ड	थ	ख	ञ
ढ	त	◌ा	ण	घ	प	ञ	प	छ	फ	◌ा	भ	ड	उ

चींटी
एफिड
मधुमक्खी
भृंग
तितली
सिकाडा
तिलचट्टा
ड्रैगनफ्लाई
पिस्सू
कुटकी
टिड्डी
भिंडी
लार्वा
मच्छर
कीट
दीमक
ततैया
कीड़ा

41 - Astronomy

न	च	◌ा	◌ॅ	द	ठ	ड	ख	क	फ	घ	त	ख	ब
क	प	ढ	फ	ड	व	उ	ल	◌्	क	◌ा	श	ठ	◌्
◌्	फ	◌ृ	श	द	◌ि	फ	ऊ	ष	य	श	स	◌ौ	र
ष	घ	ट	थ	भ	ष	ष	म	◌ु	ढ	ल	व	ठ	ह
त	ड	आ	ख	◌्	◌ु	ह	ख	द	छ	ठ	श	द	◌्
◌्	ख	ग	◌ो	ल	व	◌ि	ज	◌्	ञ	◌ा	न	◌ी	म
र	◌ॉ	क	◌े	ट	ह	◌ी	ठ	र	उ	व	◌ि	स	◌ा
व	◌े	ध	श	◌ा	ल	◌ा	द	ग	प	◌ि	ह	आ	◌ं
आ	क	◌ा	श	ग	◌ं	ग	◌ा	◌्	ग	क	◌ा	ए	ड
क	ग	◌्	र	ह	ख	न	भ	र	◌्	◌ि	र	ग	आ
◌ा	र	च	उ	ख	ल	इ	उ	ह	र	र	◌ि	ह	त
श	य	◌ा	ल	ऊ	ढ	ग	◌्	र	ह	ण	क	ऊ	आ
ब	ञ	इ	श	स	◌ु	प	र	न	◌ो	व	◌ा	भ	य
र	ब	र	व	◌ि	छ	ह	इ	श	इ	थ	म	त	भ

क्षुद्रग्रह
खगोल विज्ञानी
नक्षत्र
ब्रह्मांड
पृथ्वी
ग्रहण
विषुव
आकाशगंगा
उल्का
चाँद

निहारिका
वेधशाला
ग्रह
विकिरण
रॉकेट
उपग्रह
आकाश
सौर
सुपरनोवा
राशि

42 - Pirates

प	ल	ञ	फ	ह	त	भ	भ	ष	थ	ब	क	द	स
र	ष	ष	आ	च	च	ढ	ग	◌ु	फ	◌ा	प	◌ि	म
च	र	ठ	ए	भ	य	स	न	ढ	छ	म	◌्	क	◌ु
ऊ	झ	म	ए	स	◌ा	ह	स	◌ि	क	न	त	◌्	द
द	◌ं	त	क	थ	◌ा	ड	◌ो	उ	श	ग	◌ा	स	◌्
इ	ड	य	◌्	ण	व	ए	न	ल	र	◌ा	न	◌ू	र
इ	◌ा	च	र	न	न	ल	◌ा	य	उ	श	न	च	त
थ	छ	ग	◌ू	ल	क	ह	ए	थ	ए	द	फ	क	ट
ण	श	ऊ	ड	◌ं	◌्	ष	घ	ठ	ह	ष	ष	ड	त
ख	त	र	◌ा	ग	श	प	द	◌्	व	◌ी	प	घ	र
ट	छ	ल	व	र	◌ा	र	इ	स	◌ि	क	◌्	क	◌े
आ	न	च	व	ख	ज	◌ा	न	◌ा	ए	व	य	ह	थ
स	न	घ	ध	◌ा	ल	घ	त	◌ो	त	◌ा	ञ	ष	ञ
व	य	ठ	ब	◌ु	र	◌ा	प	इ	छ	ढ	फ	ट	द

साहसिक
लंगर
बुरा
समुद्र तट
कप्तान
गुफा
सिक्के
दिक्सूचक
क्रूर
खतरा
झंडा
सोना
द्वीप
दंतकथा
नक्शा
तोता
रम
निशान
तलवार
खजाना

43 - Time

र	फ	श	ढ	ध	य	ख	घ	ड	◌्	◌ी	न	इ	ग
भ	व	◌ि	ष	◌्	य	ठ	र	श	च	ड	ट	भ	ख
च	त	आ	ड	उ	ध	ट	इ	छ	ह	प	ध	उ	उ
ए	ञ	ख	ठ	उ	फ	ण	ऊ	य	ट	भ	ष	ग	ल
क	◌ै	ल	◌े	◌ं	ड	र	म	◌ि	न	ट	ध	श	ढ
ड	च	इ	स	स	◌े	प	ह	ल	◌े	ह	म	ल	ध
ग	घ	च	◌ु	प	द	श	◌ी	छ	आ	ज	ऊ	ए	घ
घ	आ	म	ब	◌्	र	◌ी	न	च	श	ल	ण	म	फ
च	◌ं	इ	ह	त	म	ढ	◌ा	ज	ल	◌्	द	ह	◌ी
म	श	ट	व	◌ा	र	◌्	ष	◌ि	क	द	द	श	क
ऊ	ध	ड	◌ा	ह	◌ा	फ	व	ए	च	◌ी	◌ा	◌ि	ठ
ल	छ	उ	थ	ख	त	ग	ब	च	प	ञ	प	ब	न
अ	ब	ब	ल	ख	ठ	ए	ष	ह	प	ह	ह	ग	ठ
ग	ह	भ	इ	ठ	र	न	घ	थ	ञ	व	र	◌्	ष

वार्षिक
इससे पहले
कैलेंडर
सदी
घड़ी
दिन
दशक
जल्दी
भविष्य
घंटा
मिनट
महीना
सुबह
रात
दोपहर
अब
जल्द ही
आज
सप्ताह
वर्ष

44 - Buildings

ठ	ए	ख	उ	ण	भ	ढ	ब	ब	च	थ	स	स	स
आ	ठ	स	ल	थ	घ	क	◌े	ब	◌ि	न	◌्	◌ं	◌ु
ठ	द	त	द	◌ि	क	◌ि	ल	◌ा	ध	स	ट	ग	प
ध	◌ू	घ	च	ए	ह	स	छ	र	ञ	ड	◌े	◌्	र
ञ	त	त	व	ट	ख	◌ा	ग	ब	प	अ	ड	र	म
स	◌ा	ण	र	र	ट	म	न	स	◌्	प	◌ि	ह	◌ा
र	व	◌े	ध	श	◌ा	ल	◌ा	र	र	◌ा	य	◌ा	र
ठ	◌ा	स	त	◌ं	ब	◌ू	ऊ	ह	य	र	म	ल	◌्
अ	स	◌्	प	त	◌ा	ल	ल	ए	◌ो	◌्	द	य	क
फ	◌ै	क	◌्	ट	र	◌ी	न	इ	ग	ट	च	म	◌े
र	ढ	◌ू	ब	त	थ	व	ढ	म	श	म	ल	◌ी	ट
ट	आ	ल	घ	स	◌ि	न	◌े	म	◌ा	◌े	ब	न	द
छ	◌ा	त	◌्	र	◌ा	व	◌ा	स	ल	◌ं	छ	◌ा	ल
छ	आ	प	ग	त	इ	उ	च	छ	◌ा	ट	द	र	ऊ

अपार्टमेंट
खलिहान
केबिन
किला
सिनेमा
दूतावास
फैक्टरी
अस्पताल
छात्रावास
होटल
प्रयोगशाला
संग्रहालय
वेधशाला
स्कूल
स्टेडियम
सुपरमार्केट
तंबू
थिएटर
मीनार

45 - Herbalism

ल	भ	श	व	ह	थ	त	ग	ख	व	ल	ञ	ख	ए
च	प	◌ौ	ध	◌ा	स	अ	ज	म	◌ो	द	ड	श	य
ट	ल	ब	घ	ड	ब	उ	न	छ	ष	ल	र	फ	र
त	◌ा	र	ग	◌ो	न	ए	छ	उ	ख	व	ण	थ	थ
त	◌ु	ल	स	◌ी	क	◌े	स	र	ख	फ	◌ू	ल	ल
ग	ख	च	◌ौ	ण	च	स	इ	ड	ग	ह	इ	द	◌ा
◌ु	ह	घ	◌ं	ञ	प	◌ा	क	भ	श	इ	ठ	प	भ
ण	ट	ख	फ	म	घ	ल	◌ै	व	◌े	◌ं	ड	र	क
व	म	द	ब	ग	त	त	ह	क	◌ु	ठ	र	◌ा	◌ा
त	न	◌ौ	ण	आ	प	ख	र	स	◌्	व	◌ा	द	र
◌्	ब	न	ठ	उ	आ	घ	◌ा	प	◌ु	भ	ग	ध	◌ी
त	य	◌ी	ल	द	ढ	त	ट	श	ऊ	न	ढ	प	ण
◌ा	प	◌ु	द	◌ी	न	◌ा	ल	क	य	फ	ख	र	ढ
ऊ	म	स	ढ	व	ख	◌ु	श	ब	◌ू	द	◌ा	र	ण

खुशबूदार
तुलसी
लाभकारी
पाक
सौंफ
स्वाद
फूल
बगीचा
लहसुन
हरा
घटक
लैवेंडर
कुठरा
पुदीना
अजमोद
पौधा
गुणवत्ता
दौनी
केसर
तारगोन

46 - Toys

श	क	◌ा	र	प	ट	प	◌ु	स	◌्	त	क	◌े	◌ं
◌ि	स	व	आ	त	ह	◌्	ट	द	स	ड	ट	फ	म
ल	ए	व	ल	◌ं	श	त	र	◌ं	ज	◌्	◌्	श	◌ि
◌्	श	थ	ढ	ग	◌े	◌ं	द	◌े	ञ	र	र	प	ट
प	ल	ट	य	स	◌ु	ष	स	न	न	म	क	ब	◌्
ह	न	ष	त	ग	◌ा	ड	व	◌ा	म	ड	य	ए	ट
क	ल	◌्	प	न	◌ा	इ	◌़	व	◌ि	म	◌ा	न	◌ी
प	◌्	र	◌ि	य	ञ	भ	क	◌ि	र	ह	व	श	न
ह	ह	◌ो	प	ण	ट	ट	भ	◌ि	य	ठ	ढ	इ	थ
◌े	स	ब	स	य	ह	द	ञ	फ	ल	◌ा	त	श	ह
ल	ब	◌ो	स	ब	स	ए	भ	य	प	व	ब	ख	ट
◌ी	ठ	ट	ध	घ	य	थ	ल	न	य	ख	ठ	य	श
र	आ	ब	ञ	य	ब	भ	फ	ब	प	◌े	◌ं	ट	उ
ण	ष	थ	ठ	ड	प	ब	य	द	ह	ल	न	ख	प

विमान
गेंद
साइकिल
नाव
पुस्तकें
कार
शतरंज
मिट्टी
शिल्प
गुड़िया
ड्रम
प्रिय
खेल
कल्पना
पतंग
पेंट
पहेली
रोबोट
ट्रेन
ट्रक

47 - Vehicles

ब	ब	घ	प	स	ट	ड	थ	न	न	ग	ष	थ	ऊ
ह	ट	◌े	ण	घ	◌्	◌्	ब	व	◌ौ	स	भ	क	ऊ
◌े	छ	◌ा	ड	ढ	र	ऊ	र	घ	क	◌ा	र	◌ा	आ
ल	उ	च	य	◌़	क	य	ट	◌ै	◌ा	श	ल	र	व
◌ी	म	च	छ	र	◌ा	र	ए	ख	क	व	ठ	व	श
क	भ	◌ू	म	◌ि	ग	त	म	◌ा	र	◌्	ग	◌ा	स
◌ॉ	द	द	प	ए	ञ	ख	इ	◌ं	ज	न	ट	◌ं	ढ
प	न	ड	◌ु	ब	◌्	ब	◌ी	म	◌ो	ट	र	र	इ
◌्	स	◌्	क	◌ू	ट	र	च	त	आ	र	आ	ट	फ
ट	◌ै	क	◌्	स	◌ी	ट	ढ	न	ढ	◌ॉ	न	छ	उ
र	आ	ठ	घ	स	आ	इ	प	इ	फ	क	◌ा	आ	आ
ए	ढ	ष	ब	स	◌ा	इ	क	◌ि	ल	◌े	व	ध	ख
र	◌ो	ग	◌ी	व	◌ा	ह	न	ख	इ	ट	उ	भ	ण
ढ	व	र	व	◌ि	म	◌ा	न	ख	इ	ए	घ	घ	म

विमान
रोगी वाहन
साइकिल
नाव
बस
कार
कारवां
इंजन
नौका
हेलीकॉप्टर
मोटर
बेड़ा
रॉकेट
स्कूटर
पनडुब्बी
भूमिगत मार्ग
टैक्सी
टायर
ट्रैक्टर
ट्रक

48 - Flowers

ट	ञ	थ	म	स	द	उ	ट	प	द	न	य	इ	द
◌्	ख	ऊ	◌ै	◌ू	इ	च	आ	स	ग	◌ु	ल	◌ा	ब
य	प	व	ग	र	ड	ग	न	उ	◌ा	ग	ठ	आ	ष
◌ू	◌्	ष	न	ज	स	न	न	आ	र	र	ड	थ	ष
ल	ल	त	◌ो	म	ग	फ	◌्	त	◌्	र	◌े	ए	त
◌ि	◌ू	म	ल	◌ु	◌ु	ह	द	ड	ड	द	ज	आ	फ
प	म	प	◌ि	ख	ल	◌ि	ह	च	◌े	भ	◌़	स	ध
आ	◌े	◌ो	य	◌ी	द	ब	आ	म	न	ल	◌ी	प	ब
स	र	स	◌ा	ञ	स	◌ि	य	◌े	◌ि	ढ	◌ि	घ	भ
ल	◌ि	◌्	इ	ठ	◌्	स	ल	ल	य	य	र	अ	ष
◌ि	य	त	क	प	त	◌्	त	◌ी	◌ा	त	उ	न	न
ल	◌ा	◌ा	ढ	◌ि	◌ा	क	ल	◌ै	व	◌े	◌ं	ड	र
◌ी	ब	श	ध	ब	ड	◌ु	ट	ग	स	ऊ	ड	ब	ख
र	ल	ल	द	ड	य	स	च	प	र	◌ा	स	◌ी	ल

गुलदस्ता
आनन्द
डेज़ी
डन्डेलिअन
गार्डेनिया
हिबिस्कुस
चमेली
लैवेंडर
लिली
मैगनोलिया
आर्किड
चपरासी
पत्ती
प्लूमेरिया
पोस्ता
गुलाब
सूरजमुखी
ट्यूलिप

49 - Town

ब	फ	ह	व	◌ा	ई	अ	ड	◌्	ड	◌ा	प	ञ	आ
◌े	◌ा	◌ो	द	ह	ठ	छ	भ	उ	ण	व	ढ	थ	प
क	र	ट	स	◌ु	इ	ए	क	◌्	ल	◌ि	न	◌ि	क
र	◌्	ल	◌्	◌ु	क	द	ब	भ	ल	श	फ	ए	आ
◌ी	म	आ	क	थ	प	◌ा	स	◌ो	त	◌्	◌ू	ट	ठ
ण	◌े	ल	◌ू	ड	घ	र	न	ज	ग	व	ल	र	ड
ष	स	स	ल	भ	ख	ढ	म	न	◌ै	व	व	ए	ञ
च	◌ी	द	◌ि	म	ध	श	ए	◌ा	ल	◌ि	◌ा	ट	ब
ण	छ	र	ल	न	ठ	ह	च	ल	र	द	ल	ढ	◌ा
ब	ण	प	आ	आ	◌े	भ	ट	य	◌ी	◌्	◌ा	द	ज
न	ब	य	य	ग	ट	म	त	थ	ट	य	क	ञ	◌ा
ख	◌ै	इ	स	ञ	न	व	◌ा	म	स	◌ा	फ	◌े	र
स	◌ं	ग	◌्	र	ह	◌ा	ल	य	ठ	ल	आ	इ	ट
फ	क	श	आ	स	◌्	ट	◌े	ड	◌ि	य	म	आ	द

हवाई अड्डा
बेकरी
बैंक
सिनेमा
क्लिनिक
फूलवाला
गैलरी
होटल
बाजार
संग्रहालय
फार्मेसी
भोजनालय
स्कूल
स्टेडियम
दुकान
सुपरमार्केट
थिएटर
विश्वविद्यालय

50 - Antarctica

ठ	भ	ऊ	स	द	च	ह	ट	न	घ	ल	स	उ	प
व	◌ै	ज	◌्	ञ	◌ा	न	◌ि	क	छ	श	◌्	घ	◌्
प	◌्	र	व	◌ा	स	ड	त	म	ख	ए	थ	ष	र
र	श	व	अ	भ	◌ि	य	◌ा	न	न	थ	ल	भ	◌ा
◌्	◌ो	ध	स	द	ह	स	प	भ	म	द	◌ा	◌ू	य
य	ध	ह	◌ं	ठ	ग	घ	म	भ	ह	◌्	क	ग	द
◌ा	क	ब	र	◌्	फ	ग	◌ा	व	◌ा	व	◌ृ	◌ो	◌्
व	र	◌ा	क	प	त	ड	न	द	द	◌ी	त	ल	व
र	◌्	द	◌्	थ	क	ख	भ	ग	◌्	प	◌ि	ब	◌ी
ण	त	ल	ष	र	थ	◌्	द	ल	व	स	ध	द	प
श	◌ा	ण	ण	◌ी	ड	ढ	ष	ड	◌ी	म	ब	◌े	◌ा
ञ	ढ	थ	ग	ल	ऊ	न	श	◌ी	प	◌ू	म	म	न
घ	ऊ	य	ट	◌ा	य	ग	र	स	य	ह	न	श	◌ी
स	स	ए	म	ल	य	थ	य	ग	श	त	य	न	थ

बे
पक्षी
बादल
संरक्षण
महाद्वीप
कोव
पर्यावरण
अभियान
भूगोल
हिमनद
बर्फ
द्वीप समूह
प्रवास
प्रायद्वीप
शोधकर्ता
पथरीला
वैज्ञानिक
तापमान
स्थलाकृति
पानी

51 - Ballet

थ	क	त	न	र	्	त	क	ि	य	ो	ं	त	भ
र	ल	ध	ी	प	छ	ख	ष	ल	म	ण	स	क	ल
भ	ा	थ	घ	व	ा	ह	व	ा	ह	ी	ं	न	च
छ	त	ा	ल	ड	्	भ	उ	उ	न	ञ	ग	ी	आ
थ	्	ट	छ	र	फ	र	प	ढ	घ	फ	ी	क	त
फ	म	छ	स	ं	ग	ी	त	क	ा	र	त	ल	त
ध	क	त	ू	ध	भ	थ	घ	ा	ठ	श	न	श	भ
ट	आ	ब	च	ब	उ	इ	श	ा	र	ा	च	इ	घ
ह	ल	त	क	ञ	क	ौ	श	ल	स	ु	ं	द	र
म	ल	भ	ढ	ऊ	ढ	स	ब	क	द	श	ष	ट	य
अ	भ	्	य	ा	स	त	ै	य	त	र	ै	ण	आ
थ	न	ृ	त	्	य	क	ल	ा	ट	र	्	ल	ष
फ	ध	ध	प	म	ण	र	े	श	घ	भ	थ	श	ी
ऑ	र	्	क	े	स	्	ट	्	र	ा	फ	स	क

वाहवाही
कलात्मक
दर्शक
बैले
नृत्यकला
संगीतकार
नर्तकियों
सूचक
इशारा
सुंदर
तीव्रता
सबक
संगीत
ऑर्केस्ट्रा
अभ्यास
ताल
कौशल
शैली
तकनीक

52 - Human Body

द	ढ	ह	च	◌े	ह	र	◌ा	घ	घ	ञ	श	द	ग
भ	त	ल	स	ह	◌ा	क	◌ा	न	ढ	ह	ष	ञ	छ
भ	क	◌ं	ध	◌ा	थ	◌्	थ	थ	इ	घ	ए	द	द
ध	◌ो	ठ	ल	र	ठ	त	ए	श	द	म	ट	ख	ह
ह	ह	त	◌ो	द	प	त	ट	◌ा	◌ं	ग	ग	च	ढ
य	न	द	म	ड	ड	ञ	ग	आ	ह	ह	ग	द	ढ
ऊ	◌ी	इ	ए	ट	◌़	ख	न	र	ड	ट	ठ	ऊ	ड
घ	घ	ड	च	ट	व	◌ी	न	छ	◌्	य	म	द	घ
इ	◌ु	फ	म	ध	ग	भ	व	र	ड	द	◌ि	ल	च
ज	ट	ख	न	◌े	स	प	श	ञ	◌ि	◌ि	न	स	प
ब	न	ष	आ	न	आ	◌ि	ट	व	य	म	◌ु	◌ँ	ह
ड	◌ा	त	◌्	व	च	◌ा	र	ल	◌ो	◌ा	त	ड	ण
◌़	च	च	ञ	त	ण	ल	र	उ	◌ं	ग	ल	◌ी	उ
◌ा	न	◌ा	क	ग	ण	च	ड	स	ल	ख	य	च	इ

टखने
रक्त
हड्डियों
दिमाग
ठोड़ी
कान
कोहनी
चेहरा
उंगली
हाथ

सिर
दिल
जबड़ा
घुटना
टांग
मुँह
गर्दन
नाक
कंधा
त्वचा

53 - Musical Instruments

व	द	ख	ब	प	य	ढ	ण	ब	ब	इ	छ	ख	ग
ड	◌ा	ठ	ह	◌ा	श	त	ग	◌ा	◌ै	न	व	स	ए
न	म	य	च	श	◌ं	ब	छ	स	◌ं	व	भ	प	ञ
ढ	◌ो	ल	ल	ह	ट	स	उ	◌ू	ज	◌ी	उ	ण	थ
ष	ध	र	ध	न	द	श	◌ु	न	◌ा	ण	ण	ट	ऊ
ग	ड	फ	स	◌ा	च	ष	त	र	व	◌ा	ड	ऊ	छ
घ	ढ	ख	च	ई	ल	◌े	थ	ऊ	◌ी	घ	य	झ	इ
व	◌ा	य	ल	◌ि	न	ध	ल	उ	म	श	ऊ	◌ं	भ
प	न	थ	ए	म	◌ै	◌ं	ड	◌ो	ल	◌ि	न	क	उ
ग	◌ि	ट	◌ा	र	उ	ठ	ट	आ	च	च	ड	◌ा	ए
ण	व	य	श	ए	ल	ण	क	ट	ऊ	ड	म	र	ट
ठ	ऊ	न	◌ा	स	◌ै	क	◌्	स	◌ो	फ	◌ो	न	ह
घ	◌ं	ट	◌ा	न	द	य	क	आ	त	◌ु	र	ह	◌ी
घ	म	घ	न	उ	◌ो	ए	र	भ	ल	न	च	इ	ऊ

बेंजो
बासून
वायलनचेलो
झंकार
शहनाई
ढोल
बांसुरी
घंटा
गिटार
वीणा
मैंडोलिन
टक्कर
पियानो
सैक्सोफोन
डफ
तुरही
वायलिन

54 - Cooking Tools

ओ	र	ब	र	र	ग	क	◌ो	ल	◌ं	ड	र	र	प
फ	व	ध	उ	स	ह	◌े	ल	ड	ठ	उ	◌ं	ष	ष
छ	ञ	न	न	ग	उ	त	स	ठ	छ	श	ग	द	र
ष	ठ	य	त	फ	ढ	ल	◌्	उ	ट	ट	न	ढ	ह
प	च	◌ा	क	◌ू	स	◌ी	ट	य	ढ	आ	क	च	उ
उ	◌ि	ल	च	ठ	ए	र	◌ो	म	घ	ए	◌ा	ड	थ
ज	◌ू	स	र	ष	ट	उ	व	इ	ढ	ल	◌ं	भ	र
न	श	ढ	◌ा	ञ	ह	य	फ	च	क	य	ट	ह	◌्
ड	ठ	फ	श	ई	घ	य	ध	म	आ	ट	◌ा	इ	म
ढ	क	◌्	क	न	य	छ	न	◌्	न	◌ी	ल	आ	◌ा
श	◌ै	र	थ	ठ	ऊ	◌ं	न	म	ष	ष	इ	र	म
आ	◌ं	◌ि	ह	ग	ब	ऊ	त	च	थ	ख	फ	य	◌ी
म	च	ज	आ	ष	ट	◌ो	स	◌्	ट	र	र	ण	ट
इ	◌ी	ब	य	त	य	ब	ध	ष	र	स	इ	त	र

कोलंडर
कटलरी
कांटा
पिसाई यंत्र
जूसर
केतली
चाकू
ढक्कन
ओवन
फ्रिज
कैंची
रंग
चम्मच
स्टोव
छन्नी
थर्मामीटर
टोस्टर

55 - Fruit

ढ	त	ए	ड	अ	अ	◌ं	ज	◌ी	र	त	ऊ	च	अ
इ	त	भ	व	च	म	◌ं	र	स	भ	र	◌ी	न	न
ब	द	ड	ठ	◌ो	स	र	ग	फ	ब	ब	स	प	न
न	◌ी	◌ं	ब	◌ू	क	न	◌ू	◌ू	◌े	◌ू	ए	प	◌़
◌ा	आ	म	ट	ड	◌े	◌ा	आ	द	र	ज	भ	◌ी	न
श	ह	थ	फ	ए	ल	र	ड	प	◌ी	ट	ल	त	◌ा
प	भ	ह	ए	म	◌ा	◌ि	◌़	◌ो	फ	प	त	◌ा	स
◌ा	व	ह	श	फ	व	य	◌ू	न	फ	क	ए	च	ग
त	स	ऊ	आ	ढ	ऊ	ल	र	आ	श	◌ी	आ	इ	व
◌ी	श	फ	◌़	त	◌ा	ल	◌ू	र	फ	व	ग	थ	य
घ	ञ	च	◌े	र	◌ी	उ	म	ल	ऊ	◌ी	ण	भ	फ
ग	श	ख	◌ु	ब	◌ा	न	◌ी	श	न	ए	च	ढ	स
ह	म	छ	इ	फ	ठ	प	श	ऊ	ऊ	स	◌े	ब	इ
ऊ	ए	ञ	श	इ	इ	प	फ	ल	ऊ	भ	इ	ल	ण

सेब
खुबानी
एवोकाडो
केला
बेरी
चेरी
नारियल
अंजीर
अंगूर
अमरूद
कीवी
नींबू
आम
तरबूज
शफ़तालू
पपीता
आड़
नाशपाती
अनन्नास
रसभरी

56 - Virtues #1

ब	स	फ	ष	स	च	क	ल	छ	ढ	ध	ठ	ञ	र
◌ु	श	◌्	द	ह	थ	ख	ल	ठ	◌ं	त	ख	ट	च
द	भ	◌ा	व	◌ु	क	ख	ढ	◌ा	ग	अ	ढ	ड	फ
◌्	छ	च	◌ि	त	छ	ण	ञ	म	त	च	स	छ	ख
ध	ख	इ	श	आ	◌ं	न	ब	उ	स	◌्	फ	ए	म
◌ि	ढ	र	◌्	क	क	त	ठ	द	◌्	छ	म	इ	ज
म	म	य	व	र	म	◌ु	◌्	◌ा	व	◌ा	उ	क	◌ि
◌ा	◌ा	उ	◌ा	◌्	ख	प	श	र	च	च	ग	र	ज
न	म	प	स	ष	भ	च	ऊ	ल	◌्	ध	द	स	◌्
ण	◌ू	य	ल	क	इ	व	ञ	ठ	छ	स	ध	व	ञ
ख	ल	◌ो	व	◌ि	श	◌्	व	स	न	◌ी	य	ष	◌ा
ढ	◌ी	ग	ह	थ	र	◌ो	ग	◌ी	प	ऊ	भ	ब	स
ण	ख	◌ी	क	ल	◌्	प	न	◌ा	श	◌ी	ल	ल	◌ु
ड	द	ञ	य	ष	न	◌ि	र	◌्	ण	◌ा	य	क	म

कलात्मक
आकर्षक
स्वच्छ
विश्वास
जिज्ञासु
निर्णायक
कुशल
उदार
अच्छा
उपयोगी
कल्पनाशील
स्वतंत्र
बुद्धिमान
मामूली
भावुक
रोगी
विश्वसनीय
ढंग

57 - Kitchen

ट	च	ह	क	छ	य	त	ग	फ	प	थ	ढ	ट	च
फ	◌ी	ब	र	ह	ए	ध	स	◌्	प	◌ं	ज	ट	ह
◌्	न	ऊ	छ	य	ट	ड	छ	र	र	ख	ह	त	च
र	◌ी	द	◌ु	स	ट	छ	न	◌ि	ष	◌ि	ज	ग	छ
◌ी	क	प	ल	ह	स	भ	◌ो	ज	न	ट	ल	प	ए
ज	◌ा	ए	ध	द	ख	ग	न	च	य	ए	ट	त	प
र	◌ँ	ओ	प	इ	थ	थ	ढ	ण	ट	ञ	ठ	म	ग
प	ट	व	ड	◌्	ह	न	◌ै	प	क	◌ि	न	स	इ
आ	◌ा	न	◌ि	न	र	व	ब	क	ट	◌ो	र	◌ा	त
च	◌ा	क	◌ू	ध	ग	न	च	◌ा	ण	ऊ	ढ	ल	ठ
म	थ	ठ	ध	न	◌ि	ल	ड	◌ं	ध	ए	ख	◌े	म
◌्	आ	द	श	ड	स	न	इ	ट	ख	प	ह	ऊ	ञ
म	ष	छ	ञ	ल	थ	थ	म	◌े	क	◌े	त	ल	◌ी
च	भ	फ	ष	म	त	ष	थ	ल	ष	स	ठ	म	ल

एप्रन
कटोरा
चीनी काँटा
कप
भोजन
कांटे
फ्रीजर
ग्रिल
जग
केतली
चाकू
करछुल
नैपकिन
ओवन
विधि
फ्रिज
मसाले
स्पंज
चम्मच

58 - Art Supplies

व	च	च	इ	ञ	ढ	थ	ढ	प	ग	च	ह	आ	न
च	◌ि	त	◌्	र	फ	ल	क	◌े	स	य	ए	आ	ख
र	इ	च	ड	ग	ट	ध	फ	स	ब	ण	फ	च	फ
ब	च	च	◌ा	श	घ	ब	ष	◌्	म	इ	क	थ	च
ऊ	ढ	न	च	र	र	◌ं	ग	ट	च	ह	◌ु	ञ	ध
प	ट	प	◌ा	ग	◌ो	◌ं	द	ल	थ	ठ	र	न	त
◌ा	◌े	◌े	स	त	ल	◌ं	क	◌ा	ग	ज	◌्	त	ब
न	ब	◌ं	त	ड	◌्	ठ	ड	स	ब	न	स	◌े	न
◌ी	ल	ट	स	त	ढ	म	◌ि	ट	◌्	ट	◌ी	ल	त
द	ञ	ल	◌्	◌ि	ज	ए	क	◌्	र	◌ि	ल	◌ि	क
ण	उ	ए	य	ध	ल	न	◌ै	त	श	इ	ल	ष	द
ण	व	फ	◌ा	आ	र	प	म	ठ	◌ा	उ	त	ह	घ
व	घ	ण	ह	प	◌ं	ठ	र	ब	ड	◌़	ड	ग	इ
त	थ	ञ	◌ी	ल	ग	ष	◌ा	ह	ण	श	र	ऊ	ध

एक्रीलिक
ब्रश
कैमरा
कुर्सी
मिट्टी
रंग
रचनात्मकता
चित्रफलक
रबड़
गोंद
विचारों
स्याही
तेल
पेंट
कागज
पेस्टल
पेंसिल
टेबल
पानी
जल रंग

59 - Science Fiction

द	ण	ख	छ	प	आ	ल	ल	प	आ	भ	क	व	व
ु	इ	द	ढ	ु	क	व	ग	आ	क	्	ा	ख	ि
न	ढ	ल	र	स	ा	य	न	ह	ा	र	ल	प	स
ि	आ	द	र	्	श	ल	ो	क	श	म	्	्	्
य	ह	आ	ग	त	व	स	ब	ध	ग	ण	प	र	फ
ा	ब	प	श	क	ा	इ	ख	स	ं	फ	न	ौ	ो
र	उ	ख	ठ	े	ण	इ	म	ऊ	ग	त	ि	द	ट
ो	ह	ग	त	ं	ौ	ध	न	ग	ा	भ	क	्	म
ब	स	स	ड	ा	य	स	्	ट	ो	प	ि	य	ा
ो	म	ि	्	ए	ट	र	ग	ब	ष	र	ए	ो	प
ट	ब	ब	न	य	म	ब	्	ञ	ऊ	म	त	ग	घ
ब	ए	छ	ड	े	म	च	र	म	भ	ा	र	ि	न
ट	ट	द	आ	र	म	य	ह	द	छ	ण	ख	क	ब
श	ा	न	द	ा	र	ा	म	द	न	ु	छ	ौ	ग

परमाणु
पुस्तकें
रसायन
सिनेमा
डायस्टोपिया
विस्फोट
चरम
शानदार
आग
आकाशगंगा

भ्रम
काल्पनिक
रहस्यमय
आकाशवाणी
ग्रह
रोबोट
प्रौद्योगिकी
आदर्शलोक
दुनिया

60 - Kindness

उ	स	प	उ	ए	व	ऊ	स	उ	न	प	स	घ	द
प	प	◌्	य	◌ा	र	य	ह	ह	द	ञ	म	प	य
य	च	ऊ	न	म	ष	त	न	व	प	◌ा	झ	त	◌ा
◌ो	व	व	ह	◌े	ग	उ	श	स	ऊ	स	र	न	ल
ग	◌ि	च	व	ल	ह	घ	◌ी	व	◌ि	न	◌ी	त	◌ु
◌ी	श	ह	इ	इ	स	◌ी	ल	उ	ब	ए	छ	च	ऊ
फ	◌्	ग	◌्	र	ह	ण	श	◌ी	ल	ए	ग	ऊ	ण
ध	व	ई	म	◌ा	न	द	◌ा	र	र	◌ो	ग	◌ी	ख
ढ	स	ख	म	◌े	ह	म	◌ा	न	न	व	◌ा	ज	ड
अ	न	◌ु	क	◌ू	ल	ष	च	ठ	त	भ	उ	न	छ
ञ	◌ी	श	च	फ	ड	आ	ट	प	र	घ	ह	म	ढ
ग	य	फ	र	◌ौ	ए	ण	ड	ऊ	ध	उ	उ	र	फ
ण	आ	ऊ	ख	फ	क	स	स	ठ	ए	ब	व	ए	ठ
ध	श	च	ह	व	◌ा	स	◌्	त	व	◌ि	क	घ	ध

स्नेही
चौकस
दयालु
अनुकूल
उदार
वास्तविक
खुश
उपयोगी
ईमानदार
मेहमाननवाज
प्यार
रोगी
ग्रहणशील
विश्वसनीय
विनीत
सहनशील
समझ

61 - Airplanes

ह	स	ब	ण	ल	ई	ठ	अ	त	छ	घ	ड	ऊ	ष
व	◌ा	य	◌ु	ढ	◌ं	व	श	व	व	न	◌ि	◌ं	च
व	ह	इ	इ	उ	ध	◌ं	◌ा	आ	◌ा	ण	ज	च	ष
छ	स	द	ड	त	न	श	◌ं	ए	य	य	◌ा	◌ा	ए
श	◌ि	य	श	◌्	◌ि	श	त	म	◌ु	द	इ	ई	स
आ	क	◌ा	श	इ	र	ह	◌ि	त	म	ष	न	ग	छ
ठ	◌्	त	इ	न	त	◌ो	◌ा	ट	◌ं	घ	◌े	ऊ	स
त	र	◌्	◌ं	त	◌ि	श	ज	स	ड	इ	व	ग	ढ
भ	◌ू	र	ज	ञ	ग	र	प	न	ल	ञ	◌ि	र	ढ
ए	ष	◌ी	न	ए	फ	ख	◌्	घ	द	ण	ग	ए	र
व	अ	व	त	र	ण	आ	ट	म	ल	भ	◌े	न	स
ट	ए	ग	◌ु	ब	◌्	ब	◌ा	र	◌ा	ण	ट	ण	ख
प	◌ा	य	ल	ट	द	◌ि	श	◌ा	थ	ण	त	च	श
इ	ह	म	ब	ट	इ	ठ	ड	व	स	ऊ	ब	घ	ग

साहसिक
वायु
वायुमंडल
गुब्बारा
निर्माण
क्रू
वंश
डिजाइन
दिशा
इंजन
ईंधन
ऊंचाई
इतिहास
हाइड्रोजन
अवतरण
नेविगेट
यात्री
पायलट
आकाश
अशांति

62 - Ocean

च	स	◌ी	प	भ	न	ध	इ	ड	ज	◌्	व	◌ा	र
ह	स	म	◌ू	◌ं	ग	◌ा	प	◌ॉ	ञ	ञ	ब	ब	ल
द	◌्	छ	◌ु	ष	श	स	ल	ल	त	ढ	ठ	ए	थ
म	प	ल	ढ	द	ऊ	ए	आ	◌्	व	◌्	ह	◌े	ल
ड	◌ं	◌ी	य	ब	◌्	ट	◌ं	फ	इ	थ	ट	ढ	व
ऑ	ज	ञ	स	ञ	ड	र	ध	◌ि	झ	◌ी	◌ं	ग	◌ा
ब	क	र	प	ब	ड	म	◌ी	न	य	ठ	ल	ढ	ए
प	छ	◌्	ल	ह	र	◌े	◌ं	श	◌ै	व	◌ा	ल	द
ऊ	◌ु	य	ट	श	◌ा	र	◌्	क	◌ै	छ	श	द	आ
ड	आ	ष	◌ू	◌ो	य	ञ	न	ब	स	व	भ	फ	ठ
थ	इ	श	न	ग	प	न	थ	म	र	उ	◌ा	ह	छ
ड	श	ह	◌ा	व	ऊ	स	ण	ह	क	ए	र	ल	ऊ
ज	◌े	ल	◌ि	फ	◌़	◌ि	श	क	◌े	क	ड	◌़	◌ा
च	ट	◌्	ट	◌ा	न	थ	ल	उ	ख	त	घ	य	व

शैवाल
मूंगा
केकड़ा
डॉल्फ़िन
मछली
जेलिफ़िश
ऑक्टोपस
सीप
चट्टान
नमक

समुद्री शैवाल
शार्क
झींगा
स्पंज
आंधी
ज्वार
टूना
कछुआ
लहरें
व्हेल

63 - Birds

ब	छ	इ	ख	ष	प	य	ब	ढ	स	च	ब	ठ	प
म	त	छ	ए	अ	ह	आ	ग	◌ौ	र	◌ै	य	◌ा	◌े
◌ू	◌ो	ख	त	य	◌ं	ढ	◌ु	र	भ	त	घ	ध	◌ं
र	त	स	श	ए	स	ड	ल	ध	स	द	न	ष	ग
◌्	◌ा	ए	म	इ	ह	व	◌ा	स	◌ी	ल	प	ढ	◌ु
ख	ढ	ह	ए	भ	आ	ल	थ	ञ	आ	स	ट	ई	इ
म	◌ो	र	श	◌ु	त	◌ु	र	म	◌ु	र	◌्	ग	न
न	स	ठ	ञ	ब	ञ	फ	ष	प	क	◌ो	य	ल	ल
◌ु	ए	◌ा	घ	◌ा	ट	त	ध	भ	ब	म	ष	ड	छ
ष	ब	फ	र	ज़	फ	उ	फ	ट	◌ू	क	◌े	न	ऊ
◌्	य	ठ	च	स	उ	प	न	घ	त	ए	ध	त	स
य	आ	न	◌ि	स	ह	ढ	ग	फ	र	व	ण	द	श
आ	छ	ध	क	◌ौ	आ	र	◌ा	ज	ह	◌ं	स	द	ठ
व	ब	द	न	त	ध	फ	ट	त	फ	उ	त	ञ	ञ

चिकन
कौआ
कोयल
बतख
ईगल
अंडा
राजहंस
मूर्ख मनुष्य
बाज़
बगुला
शुतुरमुर्ग
तोता
मोर
हवासील
पेंगुइन
कबूतर
गौरैया
सारस
हंस
टूकेन

64 - Art

ट	ग	ख	ट	ज	ट	ि	ल	स	म	न	ढ	न	ध
ई	ड	त	य	र	ञ	व	ड	ञ	ू	थ	आ	थ	ञ
अ	म	र	उ	ठ	उ	भ	च	स	र	ल	श	च	च
क	भ	ा	उ	फ	ब	म	ि	प	्	र	त	ी	क
व	ह	ि	न	ड	थ	स	त	्	त	छ	श	य	म
ि	थ	ठ	व	द	ण	ध	्	र	ि	म	ू	ल	न
त	ए	व	स	्	ा	ठ	र	े	क	त	ष	ए	ो
ा	ष	भ	य	स	य	र	ि	र	ल	र	ड	म	द
द	ृ	श	्	य	आ	क	त	ि	ा	आ	च	ठ	श
स	ि	र	े	म	ि	क	्	त	ठ	य	ऊ	न	ा
य	ह	ह	व	्	य	क	्	त	ि	ग	त	ड	ा
ढ	ठ	ल	ख	फ	ह	न	ञ	ध	ि	व	ि	ष	य
य	ढ	ब	न	ा	न	ा	ए	स	ड	ब	ल	द	भ
अ	त	ि	य	थ	ा	र	्	थ	व	ा	द	घ	इ

सिरेमिक
जटिल
रचना
बनाना
अभिव्यक्ति
ईमानदार
प्रेरित
मनोदशा
मूल
व्यक्तिगत
कविता
चित्रित
मूर्तिकला
सरल
विषय
अतियथार्थवाद
प्रतीक
दृश्य

65 - Nutrition

फ	ण	ठ	म	च	श	स	स	आ	छ	च	उ	थ	ड
स	श	ध	ख	ऊ	ड	भ	◌ं	श	ह	इ	ट	न	घ
व	◌ि	ट	◌ा	म	◌ि	न	त	म	आ	◌ा	ब	न	ट
क	◌ै	ल	◌ो	र	◌ी	ब	◌ु	छ	त	उ	र	ड	◌ी
◌ि	भ	ब	भ	भ	छ	उ	ल	ख	◌ा	द	◌्	य	र
ण	ल	प	◌ु	ष	◌्	ट	◌ि	क	र	प	व	◌ि	ष
◌्	त	थ	ग	◌ु	ण	व	त	◌्	त	◌ा	ष	ठ	आ
व	प	ठ	फ	त	र	ल	प	द	◌ा	र	◌्	थ	छ
न	द	◌ा	ए	ह	ठ	म	त	भ	उ	ब	म	भ	ऊ
भ	◌ू	ख	च	घ	च	य	स	स	◌्	व	स	◌्	थ
व	ग	ण	ट	न	र	प	◌्	र	◌ो	ट	◌ी	न	ह
ज	ट	त	च	ऊ	स	◌्	व	◌ा	स	◌्	थ	◌्	य
न	आ	ऊ	क	ड	◌़	व	◌ा	स	ट	ध	छ	ग	आ
ष	व	थ	ध	र	म	आ	द	त	◌े	◌ं	ह	ख	ञ

भूख
संतुलित
कड़वा
कैलोरी
आहार
पाचन
खाद्य
किण्वन
स्वाद
आदतें
स्वास्थ्य
स्वस्थ
तरल पदार्थ
पुष्टिकर
प्रोटीन
गुणवत्ता
चटनी
विष
विटामिन
वजन

66 - Hiking

श	व	ऊ	प	र	प	ज	भ	त	त	य	र	ज	इ
◌ि	ख	ब	ध	ष	◌्	त	ल	ष	◌ै	व	ऊ	◌ा	ढ
ख	ह	ल	भ	उ	र	आ	◌्	व	य	ण	ए	न	ड
र	ण	स	इ	य	क	प	उ	थ	◌ा	आ	र	व	◌े
स	ध	फ	म	ब	◌ृ	न	थ	प	र	य	य	र	र
म	ब	ष	ज	◌ू	त	◌े	ट	घ	◌ी	ञ	◌ु	◌ो	◌ा
◌्	अ	भ	◌ि	व	◌ि	न	◌्	य	◌ा	स	ण	◌ं	ड
म	प	ह	◌ा	ड	◌़	भ	ष	स	◌ू	र	◌्	य	◌ा
◌े	◌ा	ज	थ	र	च	ट	◌्	ट	◌ा	न	प	ख	ल
ल	र	◌ं	क	च	◌ी	ग	◌ा	इ	ड	ल	◌ा	त	न
न	◌्	ग	ग	ल	ण	थ	द	ऊ	ब	र	न	र	◌ा
ख	क	ल	य	न	क	◌्	श	◌ा	य	ड	◌ी	◌ो	प
ग	भ	◌ी	◌ा	ऊ	घ	श	ञ	र	ख	फ	उ	◌ं	ष
र	ण	ट	ऊ	म	ऊ	ए	ञ	ठ	ए	ड	र	ह	भ

जानवरों
जूते
डेरा डालना
चट्टान
जलवायु
गाइड
खतरों
भारी
नक्शा
पहाड़

प्रकृति
अभिविन्यास
पार्क
तैयारी
पत्थर
शिखर सम्मेलन
सूर्य
थक गया
पानी
जंगली

67 - Professions #1

व	द	न	छ	र	प	च	◌ि	क	◌ि	त	◌्	स	क
क	त	य	ल	श	◌ि	क	◌ा	र	◌ी	ध	ल	छ	म
◌ी	◌ो	न	श	स	य	घ	थ	ख	◌ा	ढ	भ	ट	◌ा
ल	ग	च	ठ	ख	◌ा	घ	ऊ	ग	त	ज	छ	ब	न
ग	म	भ	ख	र	न	ज	इ	◌ो	त	◌ौ	द	भ	च
ब	◌ै	◌ं	क	र	◌ो	न	◌़	ल	न	ह	द	◌ू	◌ि
फ	ह	ण	घ	ल	व	◌ा	ण	व	र	र	र	व	त
भ	स	उ	ष	न	◌ा	व	आ	◌ि	◌्	◌ी	◌्	◌ि	◌्
घ	ट	ग	ड	आ	द	◌ि	च	ज	त	ह	ज	ज	र
फ	प	उ	प	न	क	क	द	◌्	क	व	◌ी	◌्	क
स	◌ं	ग	◌ी	त	क	◌ा	र	ञ	◌ी	ऊ	ड	ञ	◌ा
म	न	◌ो	व	◌ै	ज	◌्	ञ	◌ा	न	◌ि	क	◌ा	र
स	◌ं	प	◌ा	द	क	ण	आ	न	स	त	ष	न	ल
ण	म	ध	न	र	◌्	स	ण	◌ी	आ	ह	न	◌ी	ल

राजदूत
खगोल विज्ञानी
वकील
बैंकर
मानचित्रकार
कोच
नर्तकी
चिकित्सक
संपादक
भूविज्ञानी
शिकारी
जौहरी
संगीतकार
नर्स
पियानोवादक
नलसाज़
मनोवैज्ञानिक
नाविक
दर्जी

68 - Dinosaurs

फ	थ	ऊ	प	◌ू	◌ं	छ	स	ज	श	छ	श	घ	म
प	◌ृ	थ	◌्	व	◌ी	प	र	◌ी	◌ा	व	क	व	स
छ	◌ं	ह	र	छ	घ	◌्	◌ी	व	क	व	◌्	◌ि	र
श	प	ख	◌ा	ष	स	र	स	◌ा	◌ा	ख	त	श	◌्
च	च	प	ग	ड	ठ	ज	◌ृ	श	ह	ढ	◌ि	◌ा	व
फ	म	च	◌ै	ब	ठ	◌ा	प	◌्	◌ा	फ	श	ल	भ
छ	◌ा	ढ	त	ड	ट	त	अ	म	र	स	◌ा	द	क
त	◌ं	ञ	◌ि	◌़	द	◌ि	◌ं	आ	◌ी	ण	ल	त	◌्
श	स	स	ह	◌ा	द	य	त	भ	श	ण	◌ी	फ	ष
◌ा	◌ा	ब	◌ा	आ	क	◌ा	र	व	◌ि	क	◌ा	स	◌ी
त	ह	ख	स	ध	इ	◌ं	◌्	आ	क	ए	भ	छ	फ
◌ि	◌ा	ब	◌ि	श	ढ	इ	ध	च	◌ा	य	ल	ञ	इ
र	र	ढ	क	ण	न	ण	◌ा	श	र	त	प	घ	ड
ठ	◌ी	य	आ	उ	फ	श	न	र	◌ै	प	◌्	ट	र

मांसाहारी
अंतर्धान
पृथ्वी
विकास
जीवाश्म
शाकाहारी
बड़ा
विशाल
सर्वभक्षी
शक्तिशाली
प्रागैतिहासिक
शिकार
रैप्टर
सरीसृप
आकार
प्रजातियां
पूंछ
शातिर
पंख

69 - Barbecues

थ	प	भ	◌ू	ख	ञ	घ	भ	स	◌ं	ग	◌ी	त	ध
फ	उ	आ	◌ो	ख	प	र	च	◌ि	क	न	र	य	द
ष	द	ग	ट	ज	ब	च	◌्	च	◌े	ख	न	म	क
ड	थ	◌्	ठ	ऊ	न	ट	ग	र	◌्	म	◌ी	व	◌ा
ड	द	र	ञ	ट	ण	न	च	◌ा	क	◌ू	त	ब	◌ं
श	ख	◌ि	उ	श	त	◌ी	य	त	ल	ण	उ	स	ट
ड	फ	ल	त	ख	ड	ण	ट	क	त	ञ	व	द	◌े
ट	न	स	द	च	व	ए	म	◌ा	घ	ट	घ	◌ो	भ
ख	भ	इ	ध	ध	ए	छ	त	ख	ब	प	श	स	ह
ष	◌े	स	ब	◌्	ज	◌ि	य	◌ा	◌ं	ब	ण	◌्	भ
द	ऊ	ल	प	न	ए	श	इ	न	ष	म	स	त	ए
ब	म	◌ा	ध	ड	श	ख	थ	◌ा	घ	ट	प	◌ो	प
ग	ठ	द	ठ	ग	द	उ	ऊ	स	ए	त	ख	◌ं	च
छ	प	र	◌ि	व	◌ा	र	ट	म	◌ा	ट	र	ट	ख

चिकन
बच्चे
रात का खाना
परिवार
भोजन
कांटे
दोस्तों
फल
खेल
ग्रिल
गरम
भूख
चाकू
संगीत
सलाद
नमक
चटनी
गर्मी
टमाटर
सब्जियां

70 - Surfing

ल	र	ह	य	ढ	स	य	च	छ	थ	ऊ	इ	ख	फ
थ	◌ो	स	घ	ण	इ	य	द	श	आ	छ	न	त	प
म	आ	क	ड	स	◌ा	ग	र	◌ै	श	उ	श	ब	ढ
छ	स	फ	प	◌े	ट	त	घ	ल	◌ु	ष	ड	भ	फ
ह	व	ब	ट	◌्	ण	◌ि	म	◌ो	र	ल	थ	◌ो	र
त	र	ध	च	ख	र	ढ	ब	ड	◌ु	फ	ष	ड	श
प	म	स	ट	◌ि	य	◌ि	भ	ध	आ	म	ज	◌़	◌ा
फ	◌ो	म	◌्	ल	उ	ह	य	ख	त	त	त	थ	ट
भ	व	◌ु	ट	◌ा	स	ध	ल	ठ	छ	◌ा	ध	ध	म
ख	ण	द	◌ा	ड	च	र	म	ह	र	य	क	ख	◌ौ
व	ह	◌्	न	◌़	च	ठ	ड	म	र	ध	घ	त	स
द	य	र	ठ	◌ो	च	◌ै	◌ं	प	◌ि	य	न	ल	म
उ	ऊ	त	ण	ण	ट	न	ड	ञ	घ	च	व	ख	द
आ	इ	ट	ख	ढ	ठ	आ	ध	ग	श	त	र	ट	फ

खिलाड़ी
समुद्र तट
शुरुआत
चैंपियन
भीड़
चरम
फोम
मज़ा
सागर

लोकप्रिय
चट्टान
गति
पेट
ताकत
शैली
लहर
मौसम

71 - Chocolate

स	◌्	व	◌ा	द	◌ि	ष	◌्	ट	ग	प	म	ग	प
स	छ	ढ	म	ख	ख	ष	छ	घ	घ	ट	क	◌ु	◌ा
◌्	ड	क	ड	◌़	व	◌ा	घ	ठ	ड	ष	◌ै	ण	उ
व	ष	क	◌ु	ट	◌ी	र	फ	फ	न	घ	ल	व	ड
◌ा	ठ	ञ	◌ै	ब	न	◌ा	र	◌ि	य	ल	◌ो	त	र
द	स	◌ु	ग	◌ं	ध	प	◌्	र	◌ि	य	र	◌्	ऊ
ल	प	भ	त	श	ड	ल	ढ	प	आ	ञ	◌ी	त	व
म	◌ू	◌ं	ग	फ	ल	◌ी	य	स	त	भ	ग	◌ा	आ
ए	◌ं	ट	◌ी	ऑ	क	◌्	स	◌ी	ड	◌े	◌ं	ट	ठ
द	व	व	ट	च	ल	ढ	ल	य	य	इ	प	र	य
च	क	भ	ख	छ	थ	ढ	य	य	च	न	ण	न	व
थ	◌ी	◌ो	व	श	व	◌ि	द	◌े	श	◌ी	व	ह	◌ि
ण	न	न	क	न	ञ	ख	य	म	◌ि	ठ	◌ा	ई	ध
ठ	थ	ड	◌ी	◌ो	ढ	छ	र	भ	न	स	च	भ	◌ि

एंटीऑक्सीडेंट
सुगंध
कुटीर
कड़वा
कोको
कैलोरी
कैंडी
नारियल
स्वादिष्ट
विदेशी
प्रिय
घटक
मूंगफली
पाउडर
गुणवत्ता
विधि
चीनी
मिठाई
स्वाद

72 - Vegetables

ख	◌ी	र	◌ा	अ	र	ध	छ	ब	ह	ह	ब	प	फ
ज	◌ै	त	◌ू	न	ज	व	ट	छ	प	ड	◌ै	◌्	◌ू
ए	ह	र	छ	आ	श	म	ट	ण	◌ा	थ	◌ं	य	ल
आ	ऊ	र	म	ढ	ल	श	◌ो	क	ल	ट	ग	◌ा	ग
ल	अ	द	र	क	ज	र	म	द	क	म	न	ज	◌ो
अ	ह	ठ	न	ए	म	◌ू	ण	◌्	ग	◌ा	ज	र	भ
ज	◌ा	स	ल	◌ा	द	म	ए	द	घ	ट	स	र	◌ी
व	थ	ऊ	◌ु	श	उ	ट	स	◌ू	ग	र	ण	ख	आ
◌ा	◌ी	घ	ह	न	ब	◌्	र	◌ो	क	◌ो	ल	◌ी	आ
इ	च	ण	च	ल	आ	छ	घ	म	च	त	ग	ए	ठ
न	क	ख	ड	ढ	ट	ढ	म	प	फ	ब	ण	फ	घ
म	◌ू	ल	◌ी	इ	ट	ढ	ष	ध	र	प	श	ष	त
द	ट	ढ	त	ट	श	व	ह	य	ड	ऊ	य	ठ	ठ
द	य	र	ख	भ	ट	ख	ञ	ध	ग	स	प	ए	ड

हाथी चक
ब्रोकोली
गाजर
फूलगोभी
अजवाइन
खीरा
बैंगन
लहसुन
अदरक
मशरूम
जैतून
प्याज
अजमोद
मटर
कद्दू
मूली
सलाद
पालक
टमाटर
शलजम

73 - Boats

ए	ए	ह	ख	ग	ज	न	◌ौ	क	◌ा	त	ल	ञ	न
ध	ञ	म	व	ठ	◌्	ख	ब	◌ो	य	◌ा	ह	ठ	द
स	उ	त	ठ	उ	व	ड	◌े	म	भ	ल	र	ल	◌ी
न	◌ा	व	◌ि	क	◌ा	ढ	ड	द	ऊ	ख	◌े	◌ं	इ
स	म	◌ु	द	◌्	र	ए	◌़	भ	ग	र	◌ं	ग	न
म	◌ा	इ	च	र	म	इ	◌ा	उ	श	ध	द	र	ह
◌ु	च	ग	आ	◌ू	प	त	म	ञ	घ	ऊ	श	श	ह
द	स	थ	र	ध	ध	ष	थ	ऊ	त	आ	क	म	ल
◌्	ल	◌े	च	थ	ग	स	ष	आ	य	म	श	ग	झ
र	श	ह	ल	आ	ढ	◌ो	ष	फ	र	स	◌्	स	◌ी
◌ी	फ	म	ख	ब	इ	ब	द	ठ	ञ	◌्	त	ख	ल
इ	आ	श	आ	ड	◌ो	◌ं	ग	◌ी	ड	त	◌ी	द	ण
ष	ट	द	न	प	व	ट	प	ब	य	◌ू	द	प	ख
इ	◌ं	ज	न	ए	ग	भ	ऊ	च	प	ल	ह	र	ढ

लंगर
बोया
डोंगी
क्रू
गोदी
इंजन
कश्ती
झील
मस्तूल
समुद्री
सागर
बेड़ा
नदी
रस्सी
सेलबोट
नाविक
समुद्र
ज्वार
लहरें
नौका

74 - Activities and Leisure

ब	आ	र	◌ा	म	ठ	स	र	◌्	फ	◌ि	◌ं	ग	म
ब	◌े	ख	र	◌ी	द	◌ा	र	◌ी	क	ल	◌ा	थ	◌ु
◌ा	च	स	ढ	ध	व	य	ड	ट	◌े	न	◌ि	स	क
स	◌ि	ए	ब	◌ा	ग	व	◌ा	न	◌ी	स	घ	म	◌्
◌्	त	ण	आ	◌ॉ	◌ो	◌ॉ	इ	त	ल	ध	ल	छ	क
क	◌्	उ	च	श	ल	ल	व	◌ै	◌्	र	न	ल	◌े
◌े	र	च	व	ऊ	◌्	◌ी	◌ि	र	ट	र	प	◌ी	ब
ट	क	ण	ब	इ	फ	ब	◌ं	◌ा	ब	थ	◌ा	प	◌ा
ब	◌ा	व	ब	ष	ह	◌ॉ	ग	क	उ	ऊ	य	क	ज
◌ॉ	र	आ	ब	ऊ	च	ल	ग	◌ी	ण	ऊ	ध	ड	◌ी
ल	◌ी	श	ड	◌े	र	◌ा	ड	◌ा	ल	न	◌ा	◌़	ख
छ	ढ	◌ौ	त	य	द	ब	त	त	इ	ल	व	न	ह
द	घ	क	आ	प	छ	ण	ष	म	ठ	स	य	◌े	च
ट	स	घ	न	ञ	न	ट	ञ	ल	थ	प	ठ	स	ध

कला
बेसबॉल
बास्केटबॉल
मुक्केबाजी
डेरा डालना
डाइविंग
मछली पकड़ने
बागवानी
गोल्फ
शौक
चित्रकारी
आराम
खरीदारी
सर्फिंग
तैराकी
टेनिस
यात्रा
वॉलीबॉल

75 - Driving

ल	ग	आ	य	ख	स	म	म	न	क	◌्	श	◌ा	ऊ
◌ा	◌ै	व	च	ए	ब	◌ो	य	◌ा	त	◌ा	य	◌ा	त
इ	र	ई	◌ं	ध	न	ट	भ	ब	च	आ	र	ड	ग
स	◌े	स	ग	ञ	ए	र	ख	◌्	◌ा	द	च	ए	ब
◌े	ज	◌ु	ठ	उ	म	आ	त	र	ल	◌ु	ग	इ	ख
◌ं	न	र	व	ह	◌ो	ष	र	◌े	क	र	◌ै	त	ग
स	म	◌ं	द	र	ट	ऊ	◌ा	क	आ	◌्	स	ख	◌ि
व	भ	ग	ड	श	र	ल	स	घ	ण	घ	ड	भ	स
ब	ऊ	ऊ	ब	ञ	स	ट	स	छ	ढ	ट	◌़	व	◌ु
प	◌ै	द	ल	य	◌ा	त	◌्	र	◌ौ	न	क	प	र
घ	थ	ण	ण	न	इ	त	थ	र	ह	◌ा	ब	◌ु	क
थ	ल	ट	छ	ल	क	छ	ह	ए	क	ड	ड	ल	◌्
फ	म	न	ठ	भ	◌ि	ठ	ऊ	म	ध	त	ण	◌ि	ष
श	ठ	थ	ध	ड	ल	इ	स	ट	आ	ध	ख	स	◌ा

दुर्घटना
ब्रेक
कार
खतरा
चालक
ईंधन
गैरेज
गैस
लाइसेंस
नक्शा
मोटर
मोटरसाइकिल
पैदल यात्री
पुलिस
सड़क
सुरक्षा
गति
यातायात
ट्रक
सुरंग

76 - Professions #2

थ	ख	फ	◌ो	ट	◌ो	ग	◌्	र	◌ा	फ	र	ह	इ
श	◌ो	ध	क	र	◌्	त	◌ा	ल	ट	ग	छ	ञ	ल
द	द	आ	व	◌ि	ष	◌्	क	◌ा	र	क	र	न	स
◌ा	◌ं	क	ज	प	च	ड	ए	इ	च	उ	ञ	द	◌्
र	त	◌ि	◌ी	◌ा	भ	इ	प	ब	र	ढ	म	स	ट
◌्	च	स	व	य	च	◌ि	त	◌्	र	क	◌ा	र	◌्
श	◌ि	◌ा	व	ल	◌ि	श	◌्	र	ज	र	ल	◌्	र
न	क	न	◌ि	ट	क	◌ि	र	◌े	ब	◌ा	◌ी	ज	◌े
◌ि	◌ि	च	ज	ए	◌ि	क	क	र	ह	ख	स	न	ट
क	त	य	◌्	य	त	◌्	◌ा	◌ि	◌ु	ग	ब	◌ू	र
ढ	◌्	स	ञ	उ	◌्	ष	र	य	भ	आ	ऊ	स	स
ऊ	स	ड	◌ा	च	स	क	थ	न	◌ा	ड	उ	भ	आ
भ	क	द	न	ट	क	ल	च	श	ष	ल	भ	छ	ब
इ	◌ं	ज	◌ी	न	◌ि	य	र	ल	◌ी	इ	च	स	द

जीवविज्ञानी
दंत चिकित्सक
जासूस
इंजीनियर
किसान
माली
इलस्ट्रेटर
आविष्कारक
पत्रकार
लाइब्रेरियन

बहुभाषी
चित्रकार
दार्शनिक
फोटोग्राफर
चिकित्सक
पायलट
शोधकर्ता
सर्जन
शिक्षक

77 - Emotions

आ	भ	फ	ड	त	ब	न	न	य	य	उ	य	ष	स
उ	भ	ग	ह	थ	ख	प	आ	व	ब	द	ष	फ	◌ं
र	श	◌ा	◌ं	त	◌ि	च	◌्	द	उ	◌ा	न	ध	त
ऊ	ब	◌ो	र	◌ि	य	त	छ	य	छ	स	ञ	ह	◌ु
आ	ब	स	◌ा	◌ी	द	ञ	न	◌ा	◌ा	◌ी	ड	र	ष
ल	ह	य	ह	ड	च	ध	ए	ल	प	र	स	◌्	◌्
आ	ग	फ	त	उ	स	ठ	छ	◌ु	र	ख	ह	ष	ट
स	श	ऊ	इ	ग	ब	स	ट	त	म	छ	◌ा	क	भ
प	◌ा	◌्	क	◌्	र	◌ो	ध	◌ा	◌ा	म	न	◌ो	ण
ञ	◌ं	य	च	ण	म	व	द	ह	न	स	◌ु	म	म
व	त	स	प	र	द	ख	च	न	◌ं	ड	भ	ल	द
छ	ध	ग	श	र	◌्	म	◌ि	◌ं	द	◌ा	◌ू	त	ञ
श	स	ण	ढ	ग	श	य	थ	ष	उ	ग	त	◌ा	घ
ख	ड	ह	च	ट	स	र	ट	ण	र	फ	◌ि	म	श

क्रोध
परमानंद
बोरियत
शांत
शर्मिंदा
डर
आभारी
हर्ष
दयालुता
प्यार
शांति
राहत
उदासी
संतुष्ट
आश्चर्य
सहानुभूति
कोमलता

78 - Mythology

व	स	◌ृ	ज	न	ब	◌ि	ज	ल	◌ी	य	भ	ट	फ
न	◌्	ड	फ	◌ा	द	स	ठ	श	ण	ध	◌ू	ख	आ
र	श	य	ख	य	ल	त	व	न	ब	उ	ल	च	म
उ	ड	◌्	व	क	◌ा	ठ	◌ि	म	व	ढ	भ	म	◌ू
स	ए	न	व	ह	ढ	थ	श	प	प	फ	◌ु	व	ल
◌ं	उ	ग	ई	र	◌ा	क	◌्	ष	स	भ	ल	य	र
स	◌्	व	र	◌्	ग	र	व	ल	व	ट	◌ै	◌ो	◌ू
◌्	उ	ल	◌्	न	र	ण	◌ा	फ	ल	न	य	द	प
क	प	ठ	ष	द	ज	म	स	न	आ	स	◌ा	◌्	आ
◌ृ	ञ	द	◌्	त	ब	ब	◌ो	ट	उ	ढ	उ	ध	द
त	ठ	उ	य	ध	आ	ज	◌ं	त	◌ु	त	ध	◌ा	र
◌ि	उ	त	◌ा	य	म	प	द	◌े	व	त	◌ा	ढ	◌्
अ	म	र	त	◌ा	ए	ग	द	◌ं	त	क	थ	◌ा	श
ए	स	ब	द	छ	त	फ	प	◌ा	ड	ढ	र	ष	थ

मूलरूप आदर्श
व्यवहार
विश्वासों
सृजन
जंतु
संस्कृति
देवता
आपदा
स्वर्ग
नायक
अमरता
ईर्ष्या
भूलभुलैया
दंतकथा
बिजली
राक्षस
नश्वर
बदला
गरज
योद्धा

79 - Hair Types

य	द	फ	ञ	द	ग	ब	ख	ह	थ	आ	क	श	फ
छ	च	भ	ढ	म	च	म	क	द	ा	र	ऊ	म	आ
च	ए	ड	ल	ट	ग	ो	र	ा	छ	ए	ण	म	क
ट	ट	प	ष	ड	ञ	ट	ग	भ	ट	प	त	ल	ा
त	घ	ु	ं	घ	र	ा	ल	े	द	स	आ	ह	ल
न	स	ू	ख	ा	न	र	म	छ	ढ	थ	भ	र	ा
ह	ञ	ष	ष	प	र	ए	ड	घ	ब	प	ू	ा	य
इ	व	व	इ	च	र	र	न	आ	च	फ	र	त	ख
ख	न	ग	श	ा	च	छ	ं	ऊ	स	उ	ा	ी	उ
ह	छ	थ	ऊ	ँ	त	द	ऊ	ग	ं	ज	ा	र	छ
ढ	क	म	द	द	स	छ	आ	ल	ी	ञ	ख	स	ञ
ख	र	ञ	घ	ी	ध	ू	स	र	ट	न	य	फ	ट
स	्	व	स	्	थ	व	द	द	ष	त	ए	े	ब
र	ल	ं	ब	ा	ल	ष	स	घ	म	र	ध	द	ढ

गंजा
काला
गोरा
लट
भूरा
रंगीन
कर्ल
घुंघराले
सूखा
धूसर
स्वस्थ
लंबा
चमकदार
कम
चाँदी
नरम
मोटा
पतला
लहराती
सफेद

80 - Garden

ग	इ	र	ए	फ	घ	ए	ख	प	ट	फ	व	ऊ	छ
इ	ब	ग	◌ी	च	◌ा	ग	ऊ	ठ	◌्	ल	थ	श	थ
त	र	ऊ	भ	त	स	ख	ञ	र	र	◌ो	ब	◌ु	श
फ	◌ा	व	ड	◌़	◌ा	ल	म	फ	◌े	द	म	व	य
ग	म	ल	र	◌े	क	घ	ए	◌ू	म	◌्	ष	ब	ध
इ	द	ब	◌ा	झ	च	ल	व	ल	◌्	य	भ	◌े	त
व	◌ा	◌ा	◌े	ब	◌ू	छ	प	ल	प	◌ा	ट	ल	न
प	◌े	ड	◌़	◌ं	ट	ल	म	◌ॉ	◌ो	न	इ	म	थ
ब	ध	◌़	य	न	च	ठ	◌ा	न	ल	◌ी	ठ	फ	इ
ग	उ	म	स	य	ऊ	व	त	ध	◌ि	द	ए	थ	च
ढ	इ	ग	◌ै	र	◌े	ज	म	च	न	ध	थ	उ	आ
व	इ	ऊ	ठ	आ	ञ	र	थ	ए	छ	उ	ठ	च	ड
ह	ल	प	द	य	इ	ब	ट	छ	ल	इ	य	ण	त
म	ण	घ	ट	ट	र	म	ब	त	ग	त	घ	इ	इ

बेंच
बुश
बाड़
फूल
गैरेज
बगीचा
घास
झूला
नली
लॉन

फलोद्यान
तालाब
बरामदा
रेक
फावड़ा
छत
ट्रेम्पोलिन
पेड़
बेल
मातम

81 - Birthday

म	◌ो	म	ब	त	◌्	त	◌ि	य	◌ा	◌ँ	प	भ	त
ऊ	ढ	ह	ल	ण	म	स	ख	इ	ट	घ	त	श	ख
उ	ह	उ	ज	न	◌्	म	इ	व	व	ल	◌्	ह	स
म	म	प	ह	फ	न	द	त	र	◌ि	न	त	ह	म
ज	द	ह	घ	म	ख	च	ध	◌्	स	श	◌े	र	ब
◌़	◌ि	◌ा	◌ा	ण	ब	ऊ	ध	ष	आ	घ	◌े	◌्	छ
◌ा	न	र	न	न	क	◌ै	ल	◌े	◌ं	ड	र	ष	द
प	ण	ग	◌ि	भ	ट	ख	ब	◌ु	द	◌्	ध	◌ि	◌ो
श	र	स	म	य	य	◌ु	व	◌ा	ढ	आ	थ	त	स
च	न	र	◌ं	द	य	श	य	त	र	ह	ग	घ	◌्
र	न	उ	त	◌्	स	व	त	उ	इ	ञ	ऊ	त	त
ग	ष	ऊ	◌्	आ	इ	क	◌े	क	न	र	भ	न	◌ो
इ	◌ी	उ	र	थ	ड	ल	इ	फ	ग	थ	द	ऊ	◌ं
प	ध	त	ण	ए	ऊ	व	घ	आ	ल	ह	ञ	ध	ढ

जन्म
केक
कैलेंडर
मोमबत्तियाँ
पत्ते
उत्सव
दिन
दोस्तों
मज़ा
उपहार

महान
खुश
निमंत्रण
हर्षित
गीत
विशेष
समय
बुद्धि
वर्ष
युवा

82 - Beach

ध	आ	आ	न	च	य	ब	य	ऊ	फ	श	फ	ह	त
फ	ग	उ	◌ी	स	ट	त	घ	ल	ल	इ	ड	य	ऊ
ल	ख	ब	ल	ख	द	◌्	व	◌ी	प	ह	न	फ	ढ
म	ए	ग	◌ा	र	छ	◌ु	ट	◌्	ट	◌ी	द	ठ	छ
इ	य	प	प	ख	ढ	भ	छ	◌ा	इ	क	त	द	य
ग	प	घ	प	ऊ	न	स	ल	ग	न	◌े	ए	ल	र
द	त	ड	ञ	थ	ण	स	ग	फ	र	क	ल	◌ै	◌े
य	ब	भ	श	ष	ए	ट	स	◌ै	◌ं	ड	ल	ग	त
ग	य	ग	ण	य	त	भ	◌ू	◌े	फ	◌़	च	◌ू	ट
◌ो	छ	ह	त	ऊ	ठ	इ	र	छ	ल	◌ा	ण	न	न
द	थ	श	स	म	◌ु	द	◌्	र	च	ब	ख	उ	◌ा
◌ौ	त	ण	इ	◌ा	ब	प	य	ल	ढ	थ	◌ो	ग	व
छ	◌ा	त	◌ा	त	ग	त	◌ौ	ल	◌ि	य	◌ा	ट	न
म	श	भ	ञ	ड	ध	र	ग	ट	ग	◌ो	ल	◌े	छ

नीला
नाव
तट
केकड़ा
गोदी
द्वीप
लैगून
सागर
चट्टान

सेलबोट
रेत
सैंडल
समुद्र
गोले
सूर्य
तौलिया
छाता
छुट्टी

83 - Adjectives #1

म	ह	त	◌्	व	◌ा	क	◌ा	◌ं	क	◌्	ष	◌ी	भ
ठ	ड	ञ	न	फ	ध	य	ख	ग	ध	उ	ख	स	◌ा
ण	स	ध	र	आ	ष	ऊ	◌ु	◌ं	ए	स	द	म	र
स	◌ु	◌ं	द	र	ब	ण	श	भ	ह	छ	ख	◌ा	◌ी
ई	ढ	ल	ट	ग	इ	ध	ब	◌ी	ढ	द	◌ु	न	र
म	म	ह	त	◌्	व	प	◌ू	र	◌्	ण	श	न	ण
क	ल	◌ा	त	◌्	म	क	द	आ	स	म	ड	◌ि	ख
ध	आ	फ	न	ठ	च	ट	◌ा	अ	◌ं	ध	◌े	र	◌ा
ष	क	ध	फ	द	भ	ष	र	ट	छ	फ	उ	प	य
ए	र	फ	◌ु	ठ	◌ा	श	श	ख	द	भ	प	◌े	थ
ह	◌्	य	म	न	ख	र	ए	ब	थ	द	य	क	प
द	ष	श	ढ	व	◌ि	द	◌े	श	◌ी	ब	◌ो	◌्	त
घ	क	व	ढ	ह	च	क	स	त	प	ह	ग	ष	ल
म	◌ू	ल	◌्	य	व	◌ा	न	उ	च	ध	◌ी	म	◌ा

निरपेक्ष
महत्वाकांक्षी
खुशबूदार
कलात्मक
आकर्षक
सुंदर
अंधेरा
विदेशी
उदार
खुश
भारी
उपयोगी
ईमानदार
समान
महत्वपूर्ण
आधुनिक
गंभीर
धीमा
पतला
मूल्यवान

84 - Rainforest

उ	भ	य	च	र	उ	ल	श	य	ब	◌ा	द	ल	स
ए	त	श	घ	ठ	घ	श	आ	व	ह	श	न	म	◌ं
ल	श	◌्	ख	स	◌्	त	न	ध	◌ा	र	◌ी	ऊ	र
व	ग	उ	त	थ	म	ख	ब	ञ	ल	ण	ण	ठ	क
स	◌ा	भ	ठ	र	च	◌ु	आ	भ	◌ी	फ	य	ड	◌्
स	ट	न	घ	य	ज	आ	द	क	◌ी	ड	◌़	◌े	ष
◌्	न	प	स	ऊ	प	◌ी	र	◌ा	म	ञ	उ	म	ण
व	फ	क	त	◌्	ज	ल	व	◌ा	य	◌ु	म	◌ू	ण
द	ल	◌्	स	ढ	प	ब	प	◌ि	र	फ	म	ल	इ
◌े	प	ष	ढ	त	स	त	ग	ग	त	फ	द	◌्	त
श	इ	◌ी	व	व	◌ि	व	◌ि	ध	त	◌ा	ञ	य	प
◌ी	प	◌्	र	क	◌ृ	त	◌ि	क	ए	घ	उ	व	व
प	◌्	र	ज	◌ा	त	◌ि	य	◌ा	◌ं	श	ढ	◌ा	ब
ज	◌ं	ग	ल	ण	य	उ	आ	थ	क	◌ा	ई	न	ढ

उभयचर
पक्षी
वानस्पतिक
जलवायु
बादल
समुदाय
विविधता
स्वदेशी
कीड़े
जंगल
स्तनधारी
काई
प्रकृति
संरक्षण
शरण
आदर
बहाली
प्रजातियां
उत्तरजीविता
मूल्यवान

85 - Technology

ह	अ	न	◌ु	स	◌ं	ध	◌ा	न	क	ड	घ	ब	प
आ	भ	◌ा	स	◌ी	◌ं	ह	थ	ष	◌ै	◌ि	ह	◌्	◌्
द	ड	फ	च	च	ऊ	ग	ख	छ	म	ज	द	ल	र
घ	त	व	◌ा	इ	र	स	ण	न	र	◌ि	स	◌ॉ	द
न	ञ	ण	ब	◌ं	ढ	ड	त	क	◌ा	ट	◌ा	ग	र
स	◌ॉ	फ	◌्	ट	व	◌े	य	र	क	ल	◌ं	स	◌्
◌्	च	◌़	र	र	आ	ट	ड	ठ	र	ख	ख	◌ु	श
क	ए	◌ॉ	◌ा	न	स	◌ा	य	व	◌्	छ	◌्	र	न
◌्	ञ	न	उ	◌े	फ	◌ं	य	फ	स	फ	य	क	श
र	ब	◌्	ज	ट	स	◌़	द	उ	र	उ	◌ि	◌्	श
◌ी	ह	ट	◌़	ठ	ष	र	◌ा	◌े	थ	ढ	क	ष	ग
न	घ	ह	र	थ	ण	म	त	इ	श	ए	◌ी	◌ा	ण
ब	◌ा	इ	ट	◌्	स	ट	ट	ढ	ल	इ	व	न	ल
ल	घ	ऊ	त	ठ	ए	द	फ	ह	ब	च	छ	ध	ल

ब्लॉग
ब्राउज़र
बाइट्स
कैमरा
संगणक
कर्सर
डेटा
डिजिटल
प्रदर्शन
फ़ाइल
फ़ॉन्ट
इंटरनेट
संदेश
अनुसंधान
स्क्रीन
सुरक्षा
सॉफ्टवेयर
सांख्यिकी
आभासी
वाइरस

86 - Landscapes

व	च	ट	◌्	ट	◌ा	न	ग	स	ठ	न	ह	ट	ड
ह	प	◌्	र	◌ा	य	द	◌्	व	◌ी	प	प	◌ु	ज
स	◌ा	ग	र	र	स	◌ी	ल	ढ	र	श	ह	◌	◌्
र	म	झ	आ	स	आ	श	◌े	प	श	ञ	◌ा	ड	व
◌े	ण	◌ु	र	ख	ठ	च	श	ब	ऊ	ञ	ड	◌्	◌ा
ग	म	ञ	द	न	न	र	◌ि	स	ख	इ	◌़	र	ल
◌ि	ख	श	◌्	◌्	◌ा	थ	य	घ	◌ा	ट	◌ी	◌ा	◌ा
स	स	आ	व	न	र	ष	र	द	ल	द	ल	ह	म
◌्	द	भ	◌ी	स	ग	◌ु	फ	◌ा	म	ख	घ	◌ि	◌ु
त	ए	ए	प	प	ह	◌ा	ड	◌़	श	श	ब	म	ख
◌ा	स	म	◌ु	द	◌्	र	त	ट	ल	घ	ऊ	ख	◌ी
न	श	झ	म	र	◌ू	द	◌्	य	◌ा	न	ल	◌ं	छ
य	च	◌ी	फ	घ	ह	ए	ब	ञ	उ	स	र	ड	ट
इ	इ	ल	ण	ड	न	म	स	न	ऊ	त	ड	त	श

समुद्र तट
गुफा
चट्टान
रेगिस्तान
ग्लेशियर
पहाड़ी
हिमखंड
द्वीप
झील
पहाड़

मरूद्यान
सागर
प्रायद्वीप
नदी
समुद्र
दलदल
टुंड्रा
घाटी
ज्वालामुखी
झरना

87 - Visual Arts

र	आ	व	क	◌ृ	त	◌ि	ढ	ग	व	म	प	ट	न
च	च	ट	ल	छ	फ	च	च	घ	◌ा	◌ू	◌े	श	ब
न	◌ा	न	म	◌ो	म	ठ	च	ढ	स	र	◌ं	ध	ष
◌ा	क	व	◌ा	र	◌्	न	◌ि	श	◌्	◌्	स	च	ग
च	ब	ऊ	ष	त	आ	र	त	न	त	त	◌ि	ध	श
फ	◌ि	ल	◌्	म	◌्	आ	◌्	घ	◌ु	◌ि	ल	ष	प
भ	थ	त	श	फ	व	म	र	ध	क	क	प	र	ए
च	◌ि	त	◌्	र	फ	ल	क	उ	ल	ल	न	उ	ल
त	भ	ख	ल	र	म	ब	उ	त	◌ा	◌ा	छ	ऊ	ढ
स	य	ढ	ट	त	क	ल	◌ा	क	◌ा	र	घ	ध	ड
◌्	ऊ	घ	उ	ब	ठ	◌ा	म	◌ि	ट	◌्	ट	◌ी	ग
व	छ	प	र	◌ि	प	◌्	र	◌े	क	◌्	ष	◌्	य
◌ी	ड	म	फ	ञ	य	ध	ध	◌ी	ष	उ	ग	छ	प
र	स	◌्	ट	◌ै	◌ं	स	◌ि	ल	ष	थ	व	ध	ड

वास्तुकला
कलाकार
चाक
मिट्टी
रचना
रचनात्मकता
चित्रफलक
फिल्म
कृति
चित्रकारी
कलम
पेंसिल
परिप्रेक्ष्य
तस्वीर
चित्र
मूर्तिकला
स्टेंसिल
वार्निश
मोम

88 - Plants

ग	छ	ग	छ	थ	न	फ	फ	ल	द	द	त	ट	त
ऊ	ण	ए	त	आ	छ	ह	थ	फ	◌ू	ल	स	व	च
ञ	क	र	य	व	श	ठ	ड	ड	फ	र	भ	ग	ष
ऊ	◌ा	◌ै	य	ष	द	घ	ब	प	आ	प	घ	आ	ख
ब	ई	ह	क	ण	ण	स	◌े	म	◌े	इ	छ	इ	श
ग	ढ	प	त	◌्	त	◌े	र	द	ज	ड	◌़	व	व
◌ी	ध	◌़	ष	ए	ट	ल	◌ी	ए	व	ब	◌़	◌ी	र
च	उ	त	न	◌ा	ब	स	ठ	स	प	◌ु	थ	उ	ठ
◌ा	र	ड	घ	◌ा	स	ण	ल	ध	ल	श	स	त	व
व	◌्	उ	य	द	आ	ब	प	त	◌्	त	◌ी	आ	ट
स	व	ख	◌ि	ल	न	◌ा	व	न	ख	भ	आ	द	व
त	र	व	फ	ग	श	◌ं	फ	ग	ञ	ऊ	ग	ए	उ
स	क	ढ	ञ	द	श	स	ड	ठ	ग	ग	इ	न	ण
व	न	स	◌्	प	त	◌ि	छ	ख	फ	र	ल	न	फ

बांस
सेम
बेरी
खिलना
बुश
कैक्टस
उर्वरक
फूल
पत्ते
वन

बगीचा
घास
बढ़ना
आइवी
काई
पत्ती
जड़
तना
पेड़
वनस्पति

89 - Countries #2

य	र	प	ढ	ह	थ	ऊ	च	ब	न	स	न	इ	ढ
प	◌ा	क	◌ि	स	◌्	त	◌ा	न	◌े	◌ो	◌ा	थ	व
म	◌े	क	◌्	स	◌ि	क	◌ो	उ	प	म	इ	◌ि	प
त	ख	य	र	अ	ट	श	ध	ज	◌ा	◌ा	ज	य	ष
इ	य	◌ू	आ	◌ू	ल	ढ	ख	म	ल	ल	◌ी	◌ो	छ
स	इ	न	ग	ट	स	◌्	ब	◌ै	छ	◌ि	र	प	ज
◌ी	छ	◌ा	ट	आ	फ	ण	ब	क	य	य	◌ि	◌ि	◌ा
र	ट	न	श	ग	स	◌ू	ड	◌ा	न	◌ा	य	य	प
◌ि	ह	◌ै	त	◌ी	त	ल	न	ल	न	प	◌ा	◌ा	◌ा
य	◌ु	ग	◌ा	◌ं	ड	◌ा	म	ख	◌े	◌ि	ट	छ	न
◌ा	आ	इ	थ	थ	न	ल	◌ा	ओ	स	ब	य	इ	छ
र	ड	◌े	न	म	◌ा	र	◌्	क	भ	ह	न	◌ा	ए
न	ल	◌ा	इ	ब	◌े	र	◌ि	य	◌ा	ठ	ठ	◌ा	स
ण	व	ल	ण	ध	भ	य	◌ू	क	◌्	र	◌े	न	न

अल्बानिया
डेनमार्क
इथियोपिया
यूनान
हैती
जमैका
जापान
लाओस
लेबनान
लाइबेरिया
मेक्सिको
नेपाल
नाइजीरिया
पाकिस्तान
रूस
सोमालिया
सूडान
सीरिया
युगांडा
यूक्रेन

90 - Ecology

ष	न	फ	ए	आ	स	ए	ज	ल	व	ा	य	ु	ऊ
घ	स	च	त	ड	घ	ण	ढ	ह	इ	उ	ष	प	व
स	्	व	य	ं	स	े	व	क	ो	ं	ऊ	ढ	ध
व	न	स	म	ु	द	्	र	ी	आ	ए	ड	ह	न
घ	न	घ	ख	व	ल	इ	प	ह	ा	ड	़	ो	ं
स	उ	स	म	ु	द	ा	य	श	ध	ख	घ	ढ	छ
इ	आ	ू	्	ध	ल	स	व	श	ु	र	ख	उ	स
ट	थ	ख	य	प	्	र	ज	ा	त	ि	य	ा	ं
च	ि	ा	इ	म	त	व	ै	श	्	व	ि	क	स
प	ऊ	क	भ	य	त	ि	ञ	घ	म	ख	य	ल	ा
ौ	स	ण	ा	प	्	र	ा	क	ृ	त	ि	क	ध
ध	ध	ऊ	घ	ऊ	फ	प	्	र	क	ृ	त	ि	न
े	उ	त	्	त	र	ज	ी	व	ि	त	ा	म	ए
उ	ढ	व	ि	व	ि	ध	त	ा	म	ग	ग	ह	द

जलवायु
समुदाय
विविधता
सूखा
पशु
वैश्विक
समुद्री
दलदल
पहाड़ों
प्राकृतिक
प्रकृति
पौधे
संसाधन
प्रजातियां
उत्तरजीविता
टिकाऊ
वनस्पति
स्वयंसेवकों

91 - Adjectives #2

स	ढ	ग	ऊ	ज	ब	ग	ण	उ	छ	ऊ	थ	थ	प
◌ु	ञ	र	ए	◌ं	घ	र	ज	प	ट	ण	भ	ण	◌्
र	ठ	म	ष	ग	ल	◌्	ि◌	ह	द	थ	ख	उ	र
◌ु	थ	व	य	ल	ठ	व	म	◌ा	ि◌	ब	र	त	स
च	न	ि◌	र	◌ी	ब	ष	◌्	र	ल	ऊ	म	◌्	ि◌
ि◌	ि◌	श	च	◌्	त	ध	म	द	च	ग	आ	प	द
प	द	◌्	न	ष	ण	म	◌े	ि◌	स	◌ू	ख	◌ा	◌्
◌ू	◌्	व	◌ा	प	घ	न	द	य	◌्	ड	ल	द	ध
र	र	स	त	भ	◌ू	ख	◌ा	◌ा	प	च	ठ	क	य
◌्	◌ा	न	◌्	न	य	◌ा	र	त	म	ज	ब	◌ू	त
ण	ल	◌ी	म	म	फ	स	व	स	◌्	व	स	◌्	थ
ठ	◌ु	य	क	क	ठ	ग	स	ठ	भ	म	य	म	ठ
ग	न	ध	ञ	◌ी	आ	ए	न	ए	ढ	ऊ	क	घ	भ
उ	ग	ह	छ	न	प	◌्	र	◌ा	क	◌ृ	त	ि◌	क

विश्वसनीय
रचनात्मक
वर्णनात्मक
सूखा
सुरुचिपूर्ण
प्रसिद्ध
उपहार दिया
स्वस्थ
गरम
भूखा
दिलचस्प
प्राकृतिक
नया
उत्पादक
गर्व
जिम्मेदार
नमकीन
निद्रालु
मजबूत
जंगली

92 - Math

ए	त	ण	न	ह	ख	आ	ज	प	प	य	थ	भ	व
ए	थ	ह	आ	घ	त	य	◌्	य	र	प	ण	ष	र
प	र	च	स	उ	स	त	य	छ	द	◌ि	ठ	ठ	◌्
स	ख	ञ	ब	ल	म	◌्	◌ा	ध	श	च	ध	प	ग
ब	म	घ	उ	प	◌ी	र	म	न	म	ग	त	◌ि	म
प	ह	◌ा	ख	ड	क	◌ि	◌ि	ढ	ल	ब	ख	ध	ग
आ	ञ	◌ु	न	छ	र	क	त	थ	व	◌्	य	◌ा	स
क	व	ष	भ	◌ा	ण	◌ो	◌ि	भ	◌ि	ध	ब	ध	म
◌ो	आ	द	ए	◌ु	◌ं	ण	ए	ट	भ	अ	◌ं	श	र
ण	आ	य	त	न	ज	त	उ	ण	◌ा	म	च	ग	◌ू
ट	ग	र	ष	इ	त	◌्	र	◌ि	ज	◌्	य	◌ा	प
ध	भ	अ	◌ं	क	ग	ण	◌ि	त	न	ण	◌ो	द	त
प	◌्	र	त	◌ि	प	◌ा	द	क	ध	ए	ग	छ	◌ा
ष	छ	प	द	ण	न	स	◌ं	ख	◌्	य	◌ा	ए	◌ॅ

कोण
अंकगणित
परिधि
दशमलव
व्यास
विभाजन
समीकरण
प्रतिपादक
अंश
ज्यामिति
संख्याएँ
समानांतर
बहुभुज
त्रिज्या
आयत
वर्ग
योग
समरूपता
त्रिकोण
आयतन

93 - Water

र	ट	फ	स	न	भ	भ	य	ऊ	घ	आ	ट	न	ट
ल	ह	र	◌े	◌ं	म	झ	उ	आ	ब	ग	छ	ट	ण
ब	थ	ऊ	घ	ब	ल	◌ौ	ञ	ब	ण	त	भ	ह	न
◌ौ	न	प	थ	र	घ	ल	ट	छ	ब	ञ	थ	र	म
छ	म	स	थ	◌्	त	भ	ल	न	य	म	ट	ब	न
◌ा	म	भ	आ	फ	◌ू	ग	त	ड	ग	श	ड	आ	र
र	न	द	◌ी	स	फ	ग	ण	फ	छ	आ	उ	ख	थ
न	ह	र	थ	व	◌ा	ष	◌्	प	◌ी	क	र	ण	च
आ	म	आ	ठ	र	न	ग	भ	◌ा	प	स	ठ	ऊ	ष
ब	◌ा	ढ	◌़	आ	ध	◌ा	र	◌ा	भ	इ	◌ं	ल	ट
घ	न	ह	उ	आ	ठ	भ	र	छ	ड	ठ	ढ	ट	ग
म	स	◌ि	◌ं	च	◌ा	ई	ठ	च	ण	ढ	इ	भ	छ
आ	◌ू	व	र	◌्	ष	◌ा	ञ	स	न	ष	ठ	य	र
च	न	ष	श	थ	ञ	उ	ए	ग	इ	ग	घ	स	ष

नहर
नम
वाष्पीकरण
बाढ़
ठंढ
तूफ़ान
बर्फ़
सिंचाई
झील
नमी
मानसून
सागर
वर्षा
नदी
बौछार
लथपथ
भाप
धारा
लहरें

94 - Activities

श	◌ि	क	◌ा	र	क	र	न	◌ा	स	प	व	न	ण
ण	इ	ल	ख	स	थ	ह	स	भ	ण	ञ	ढ	◌ृ	श
उ	व	◌ा	उ	च	ध	थ	◌ि	ग	ध	घ	अ	त	◌ि
व	◌ि	श	◌्	र	◌ा	म	ल	त	फ	घ	व	◌्	ल
इ	म	आ	ड	छ	थ	ठ	◌ा	◌ि	◌ो	ज	क	य	◌्
च	ढ	प	स	इ	न	न	ई	व	ट	◌ं	◌ा	ग	प
◌ि	घ	आ	श	आ	प	ठ	प	◌ि	◌ो	ग	श	द	ञ
त	घ	ए	न	फ	ए	ढ	ध	ध	ग	ढ	ल	श	◌ू
◌्	ल	घ	घ	इ	ण	ल	◌़	◌ि	◌्	स	च	ह	ण
र	च	छ	ध	म	ख	छ	द	न	र	व	आ	थ	ब
क	◌ौ	श	ल	ड	◌े	र	◌ा	ड	◌ा	ल	न	◌ा	◌ु
◌ा	स	ण	ट	न	ल	ब	घ	इ	फ	ख	◌ं	स	न
र	थ	ठ	ब	◌ा	ग	व	◌ा	न	◌ौ	ञ	द	ष	◌ा
◌ौ	म	छ	ल	◌ौ	प	क	ड	◌़	न	◌े	ग	ल	ई

गातीवीधे
कला
डेरा डालना
शिल्प
नृत्य
मछली पकड़ने
खेल
बागवानी
शिकार करना
हितों
बुनाई
अवकाश
जादू
चित्रकारी
फोटोग्राफी
आनंद
पढ़ना
विश्राम
सिलाई
कौशल

95 - Literature

त	च	ग	श	उ	द	स	द	च	छ	घ	ब	आ	ण
द	उ	श	◌ै	प	ए	म	ज	◌ी	व	न	◌ी	श	च
क	त	◌ु	ल	न	◌ा	◌ा	थ	थ	थ	◌ि	ए	ढ	ठ
थ	◌ि	स	◌ी	◌्	ञ	न	प	व	स	◌ं	व	◌ा	द
◌ा	ट	स	उ	य	ग	त	त	छ	क	आ	◌ि	र	म
ऊ	र	ब	◌्	◌ा	ढ	◌ा	म	ऊ	थ	ब	ष	उ	ण
प	ल	त	र	स	ल	◌े	ख	क	◌ा	त	य	ष	ण
क	व	◌ि	त	◌ा	◌ा	य	द	ऊ	व	◌ा	म	घ	म
फ	य	प	◌ु	श	ह	ड	ल	ड	◌ा	ल	ध	ख	फ
प	ए	ख	क	प	ण	घ	ढ	आ	च	ए	य	ल	म
त	◌्	र	◌ा	स	द	◌ी	इ	र	क	ढ	भ	आ	ट
व	◌ि	श	◌्	ल	◌े	ष	ण	ए	◌ू	न	व	ष	फ
क	◌ा	व	◌्	य	◌ा	त	◌्	म	क	प	ट	इ	ह
ण	न	◌ि	ष	◌्	क	र	◌्	ष	ड	ध	क	र	ण

समानता
विश्लेषण
किस्सा
लेखक
जीवनी
तुलना
निष्कर्ष
विवरण
संवाद
कथा

रूपक
कथावाचक
उपन्यास
कविता
काव्यात्मक
तुक
ताल
शैली
विषय
त्रासदी

96 - Geography

ग	ण	ए	द	क	◌्	ष	◌ि	ण	इ	थ	स	छ	घ
ख	◌ो	ट	आ	◌्	ण	ग	स	छ	श	ह	र	न	ञ
छ	ह	ल	श	ख	व	स	म	◌ु	द	◌्	र	द	ढ
आ	फ	स	◌ा	ल	ढ	◌ी	थ	म	ञ	उ	ढ	◌ी	अ
द	ठ	ह	घ	र	ट	त	प	ध	ष	ह	ह	म	क
च	ठ	त	न	क	◌्	श	◌ा	◌्	व	ढ	ड	ह	◌्
प	ब	श	भ	◌ू	म	ध	◌्	य	र	◌े	ख	◌ा	ष
श	न	प	ग	र	ऊ	◌ं	च	◌ा	ई	प	द	द	◌ा
◌्	ड	ठ	स	ए	ऊ	प	ए	ह	उ	ह	◌ु	◌्	◌ं
च	क	◌्	ष	◌े	त	◌्	र	◌्	त	◌ा	न	व	श
◌ि	इ	ड	स	ण	थ	द	ऊ	न	◌्	ड	◌ि	◌ी	भ
म	श	फ	व	◌ा	ए	◌े	उ	ढ	त	◌़	य	प	स
ख	थ	म	ब	य	ग	श	फ	ऊ	र	छ	◌ा	उ	म
इ	ढ	इ	ख	य	ग	र	ठ	ए	श	इ	घ	घ	य

ऊंचाई
एटलस
शहर
महाद्वीप
देश
भूमध्य रेखा
गोलार्ध
द्वीप
अक्षांश
नक्शा
मध्याह्न
पहाड़
उत्तर
सागर
नदी
समुद्र
दक्षिण
क्षेत्र
पश्चिम
दुनिया

97 - Pets

क	प	ट	◌्	ट	◌ा	प	◌ं	ज	◌े	म	छ	ल	◌ी
छ	◌ु	श	ट	य	य	ऊ	ग	थ	न	ष	◌ि	ञ	ढ
◌ु	ड	त	◌ु	ब	श	ध	श	फ	ठ	स	प	ए	द
आ	फ	य	◌्	च	◌ू	ह	◌ा	त	ए	ब	क	र	◌ी
व	च	स	ह	त	◌ि	न	भ	◌ो	ज	न	ल	थ	भ
ख	ध	व	ग	फ	◌ा	क	प	त	छ	ध	◌ी	ध	स
भ	र	घ	ब	ठ	फ	◌ॉ	◌ि	◌ा	प	◌ू	◌ं	छ	त
च	त	ग	म	ह	व	ल	ल	त	प	ह	म	ल	त
ण	ए	ब	◌ो	श	उ	र	◌्	श	◌्	प	◌ा	न	◌ी
श	ग	ठ	ल	श	ह	व	ल	ब	ण	स	स	च	ब
ब	◌ि	ल	◌्	ल	◌ी	ल	◌ा	ठ	ध	त	क	इ	घ
ठ	घ	न	प	ञ	र	द	म	भ	ठ	ऊ	भ	द	आ
ष	ए	ख	ब	ख	ञ	य	ब	र	ह	द	थ	घ	थ
श	य	ग	◌ा	य	ध	ग	व	ध	आ	द	द	ञ	श

बिल्ली
पंजे
कॉलर
गाय
कुत्ता
मछली
भोजन
बकरी
पट्टा
छिपकली
चूहा
तोता
पिल्ला
खरगोश
पूंछ
कछुआ
पशु चिकित्सक
पानी

98 - Nature

क	आ	र	◌े	ग	◌ि	स	◌्	त	◌ा	न	श	ष	य
◌ो	अ	र	ज	◌ा	न	व	र	◌ो	◌ं	ब	◌ा	द	ल
ह	भ	व	◌्	श	र	स	म	ण	ह	ग	◌ं	उ	म
र	य	च	ध	क	ट	◌ा	व	र	त	त	त	ष	ध
◌ा	◌ा	च	ट	◌्	ट	◌ा	न	◌ो	◌ं	◌ि	◌ि	◌्	◌ु
ग	र	व	य	ख	प	◌ि	न	घ	श	श	प	ण	म
ग	ण	च	य	व	ल	ह	क	ञ	स	◌ी	◌ू	क	क
ड	◌्	प	त	◌्	त	◌े	ग	स	न	ल	र	ट	◌्
द	य	ल	न	ण	आ	च	श	◌ु	ग	ऊ	◌्	◌ि	ख
ष	व	ब	◌े	द	फ	छ	ढ	◌ं	ऊ	ऊ	ण	ब	◌ि
ट	ल	न	ए	श	◌ी	ष	ण	द	त	श	ब	◌ं	य
ब	ञ	ग	र	ढ	◌ि	न	◌ि	र	◌्	म	ल	ध	◌ो
स	ढ	स	द	ग	व	य	फ	त	य	छ	ण	◌ी	◌ं
ष	य	ब	आ	र	न	श	र	◌ा	ण	घ	ण	य	ध

जानवरों
आर्कटिक
सुंदरता
मधुमक्खियों
चट्टानों
बादल
रेगिस्तान
गतिशील
कटाव
कोहरा
पत्ते
वन
ग्लेशियर
शांतिपूर्ण
नदी
अभयारण्य
निर्मल
उष्णकटिबंधीय

99 - Championship

स	र	ण	न	◌ी	त	◌ि	म	भ	र	इ	ठ	ञ	ब
य	द	ट	ल	◌्	ठ	भ	ण	ध	म	श	ठ	त	च
ब	आ	◌ू	घ	◌ी	य	फ	ञ	व	ख	भ	ध	भ	◌ै
ढ	ट	र	म	छ	ग	◌ा	इ	त	व	त	र	उ	म
प	य	◌्	ष	घ	व	इ	य	ध	श	ख	म	ख	◌्
स	ह	न	ऊ	व	ल	न	इ	◌ा	इ	ऊ	ञ	श	प
◌ी	घ	◌ा	स	ल	प	ल	च	प	ध	आ	त	प	◌ि
न	ल	म	ड	प	द	क	ध	◌ै	ल	◌ी	ण	उ	य
◌ा	ख	◌े	ल	◌्	व	ध	ढ	ख	◌ं	ट	श	ढ	न
ह	उ	◌ं	स	र	ढ	र	प	ड	क	प	व	ष	श
छ	आ	ट	फ	◌े	ख	इ	इ	ट	◌ो	न	◌ि	प	◌ि
प	◌्	र	द	र	◌्	श	न	◌ी	च	ञ	ज	य	प
प	त	र	भ	ण	इ	ए	न	म	श	ध	य	स	न
च	ञ	ध	व	◌ा	च	स	श	भ	ध	ग	फ	ल	ग

चैंपियन
चैम्पियनशिप
कोच
सहन
फाइनल
न्यायाधीश
लीग
पदक
प्रेरणा
प्रदर्शन
पसीना
खेल
रणनीति
टीम
टूर्नामेंट
विजय

100 - Vacation #2

ह	ख	ल	ड	ञ	ण	द	छ	◌ु	ट	◌्	ट	◌ी	ण
व	व	◌ि	द	◌े	श	फ	◌्	थ	द	व	◌ै	स	ध
◌ा	त	उ	ट	◌्	र	◌े	न	व	ञ	ण	क	म	ग
ई	च	◌ं	अ	व	क	◌ा	श	इ	◌ी	उ	◌्	◌ु	◌ं
अ	स	थ	ब	श	प	र	ड	ह	ञ	प	स	द	त
ड	म	ड	म	◌ू	◌ा	म	य	◌ा	स	ख	◌ी	◌्	व
◌्	◌ु	र	ए	फ	स	म	ऊ	र	ल	ग	प	र	◌्
ड	द	य	न	र	प	र	◌ि	व	ह	न	ह	त	य
◌ा	◌्	ह	क	छ	◌ो	व	छ	◌ि	स	ग	◌ा	ट	◌ा
प	र	ढ	◌्	ग	र	न	ह	द	न	घ	ड	ह	त
न	ऊ	श	श	र	◌्	ब	ट	◌े	थ	इ	◌़	य	◌्
ध	ड	उ	◌ा	फ	ट	द	भ	श	ष	घ	◌ो	ष	र
व	◌ी	ज	◌ा	ठ	ह	ल	ब	◌ी	म	ष	◌ं	थ	◌ा
ऊ	ष	ढ	म	ल	ह	◌ो	ट	ल	ध	च	श	य	प

हवाई अड्डा
समुद्र तट
डेरा डालना
गंतव्य
विदेश
विदेशी
छुट्टी
होटल
द्वीप
यात्रा
अवकाश
नक्शा
पहाड़ों
पासपोर्ट
समुद्र
टैक्सी
तंबू
ट्रेन
परिवहन
वीजा

1 - Food #1

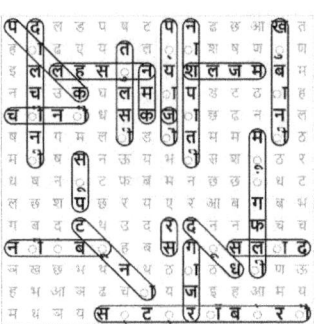

2 - Castles

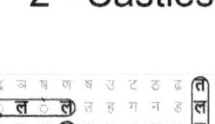

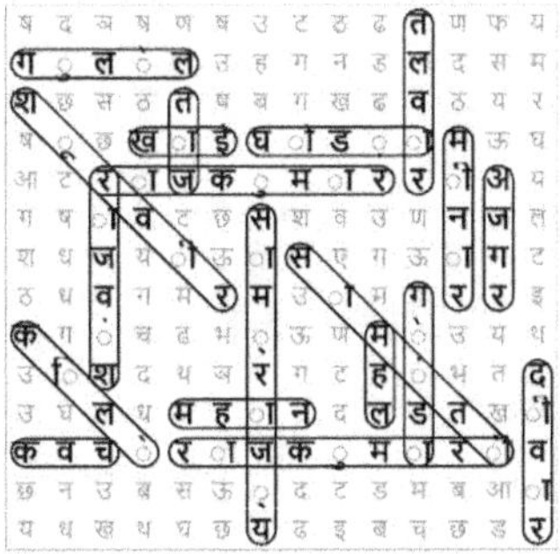

3 - Exploration

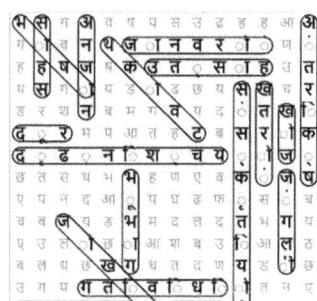

4 - Measurements

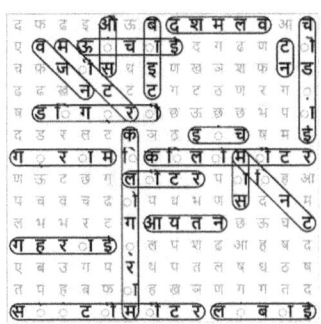

5 - Farm #2

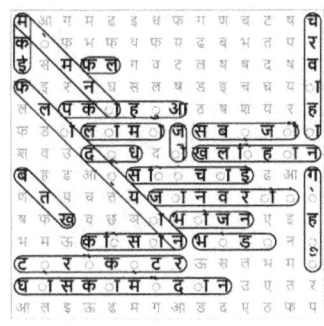

6 - Books

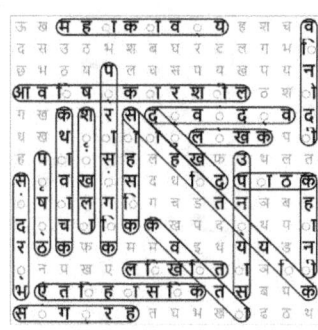

7 - Meditation

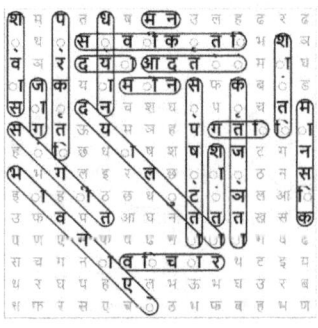

8 - Days and Months

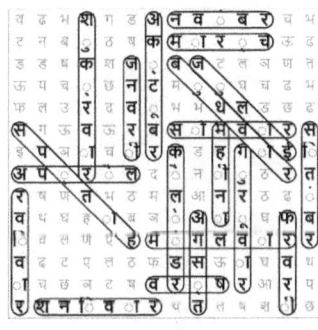

9 - Chess

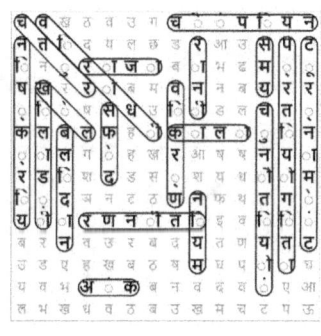

10 - Food #2

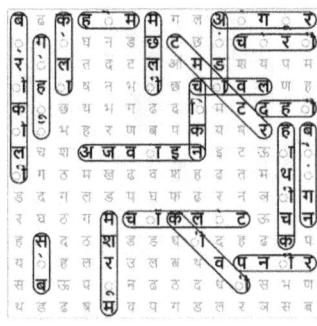

11 - Family

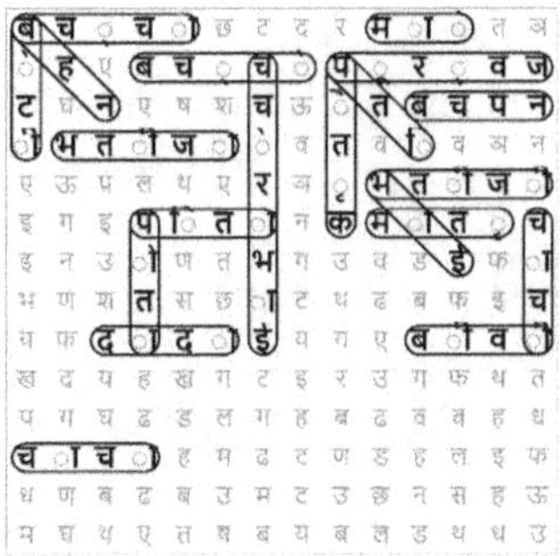

12 - Farm #1

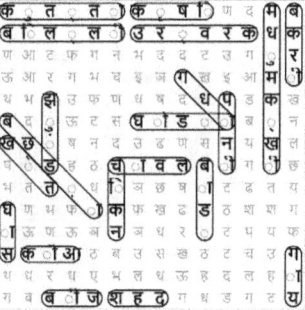

13 - Camping

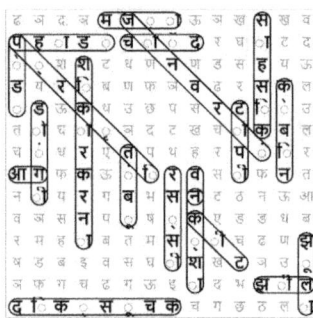

14 - Cats

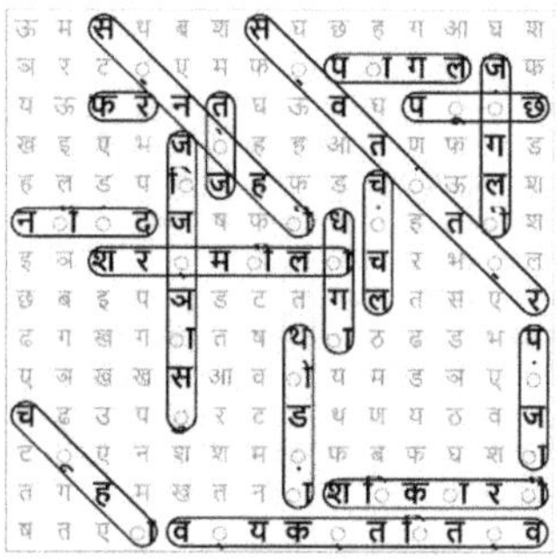

15 - Numbers

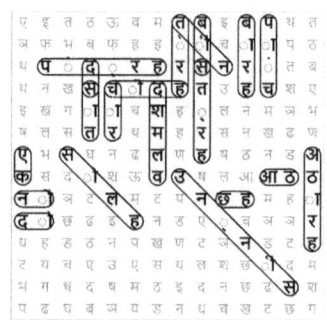

16 - Spices

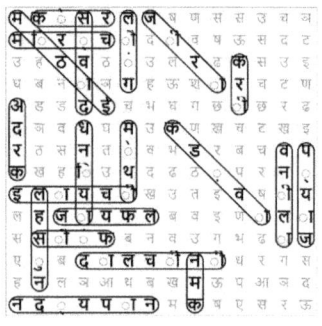

17 - Mammals

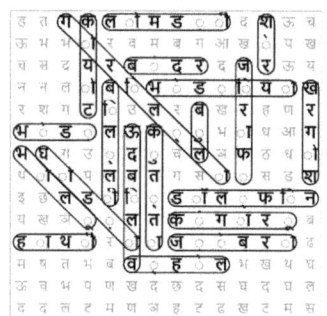

18 - Fishing

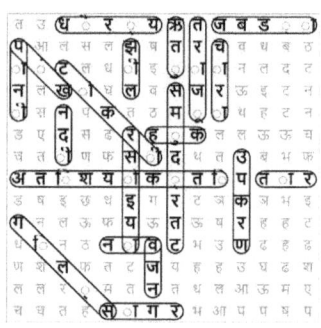

19 - Restaurant #1

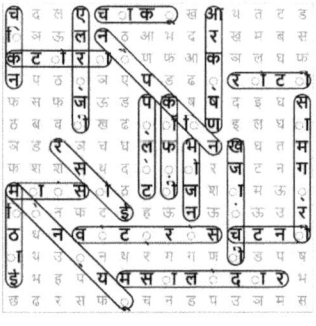

20 - Bees

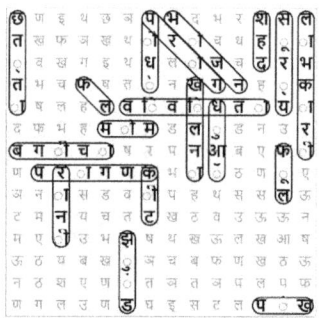

21 - Sports

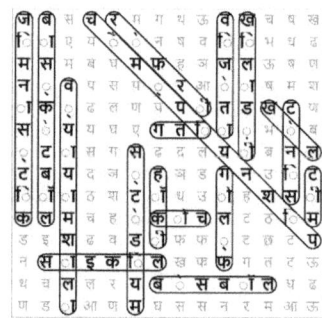

22 - Weather

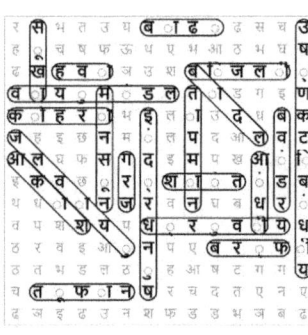

23 - Adventure

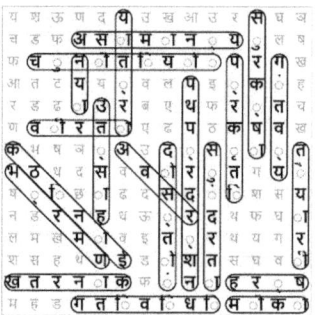

24 - Circus

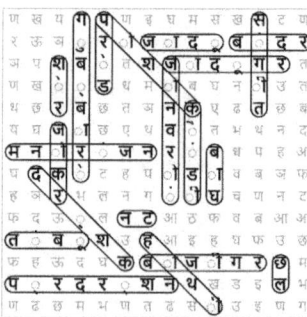

25 - Restaurant #2

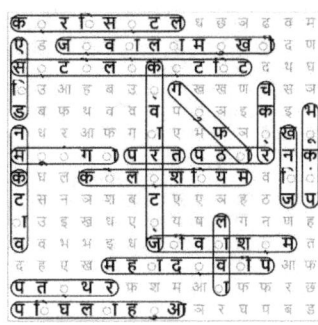

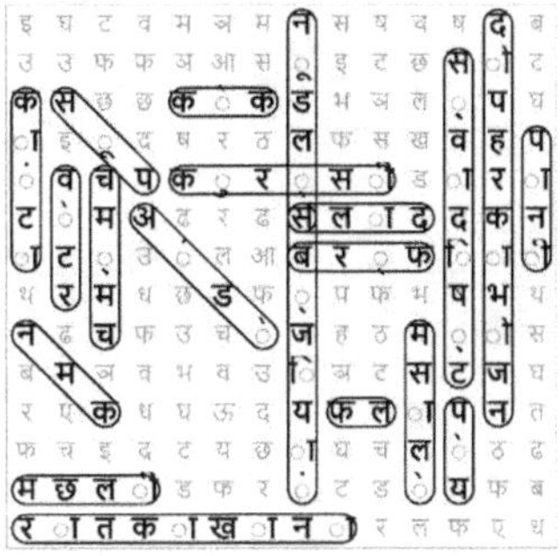

26 - Geology

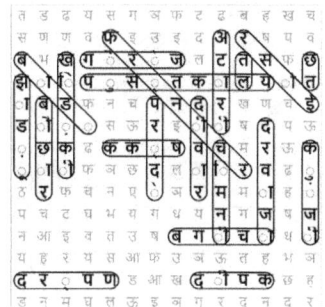

27 - House

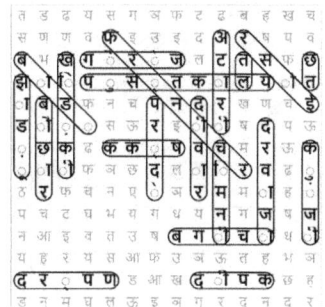

28 - Comedy

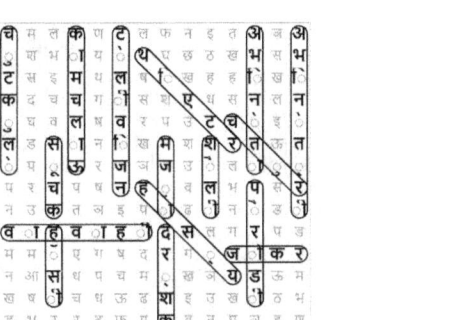

29 - Bathroom

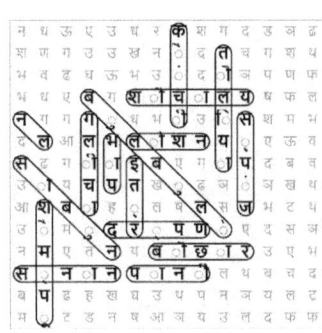

30 - School #1

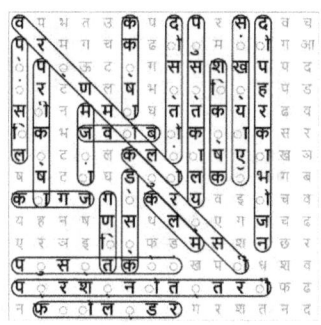

31 - Dance

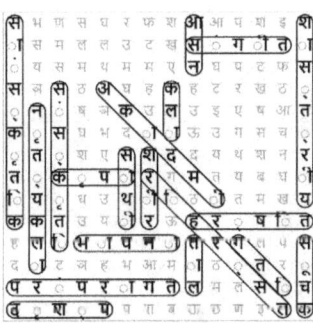

32 - Climbing

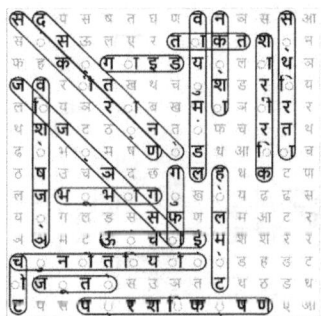

33 - Shapes

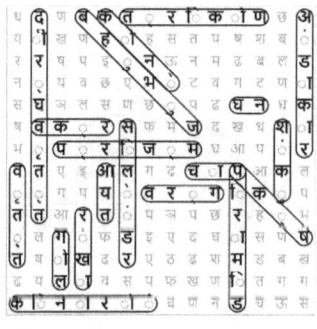

34 - Scientific Disciplines

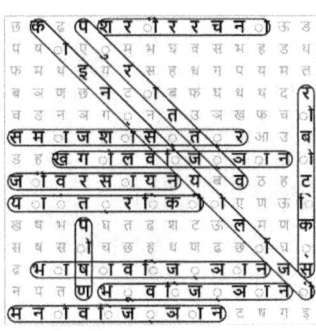

35 - School #2

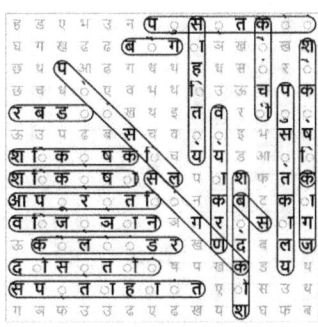

36 - Science

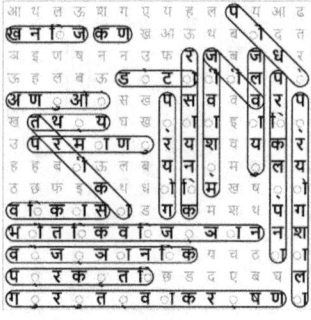

37 - To Fill

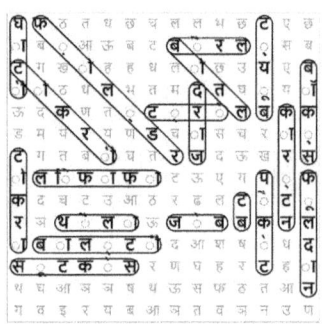

38 - Summer

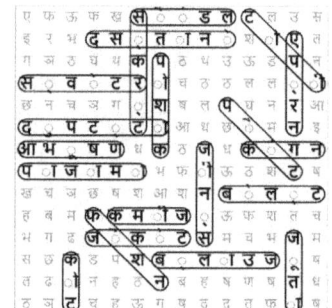

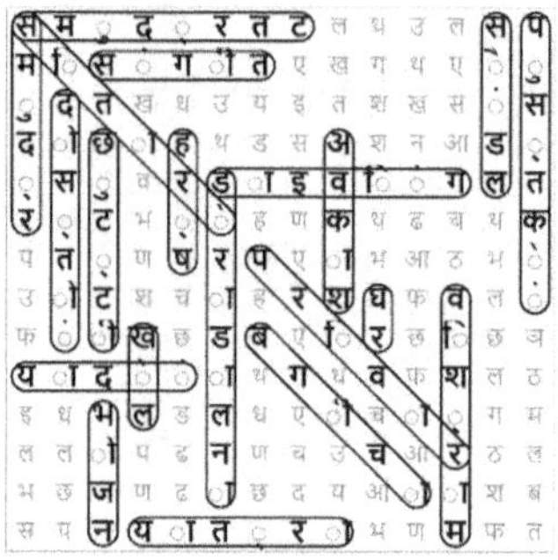

39 - Clothes

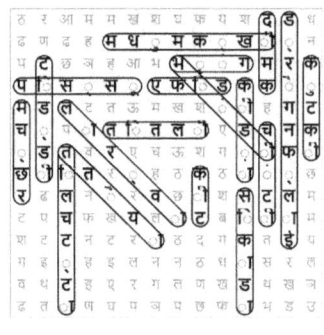

40 - Insects

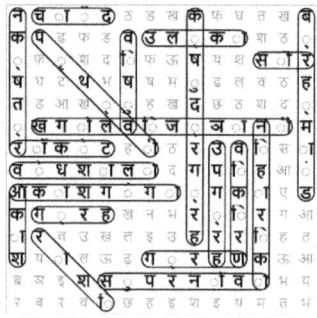

41 - Astronomy

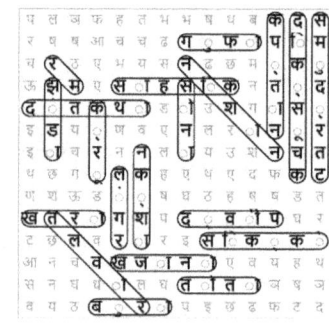

42 - Pirates

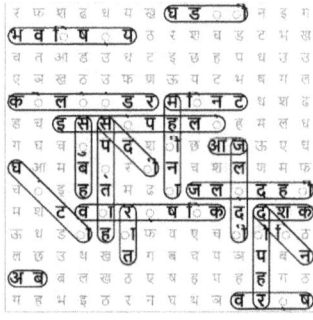

43 - Time

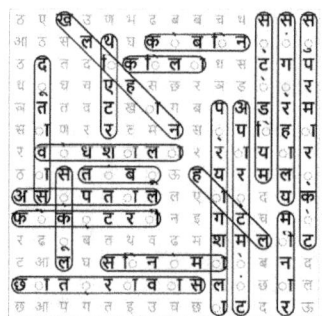

44 - Buildings

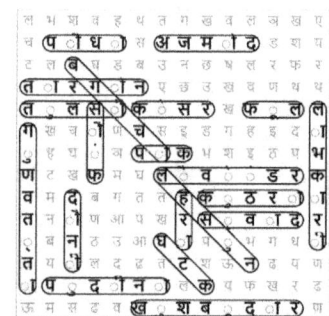

45 - Herbalism

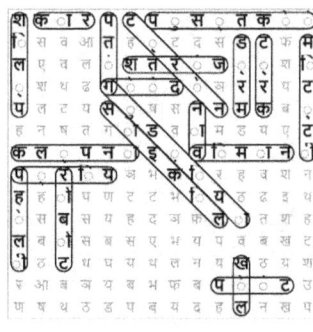

46 - Toys

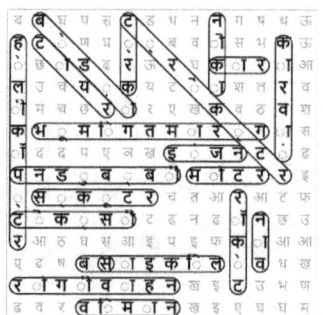

47 - Vehicles

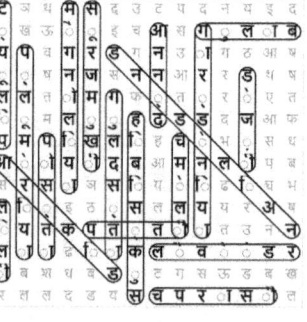

48 - Flowers

49 - Town

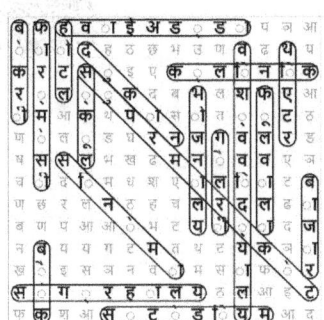

50 - Antarctica

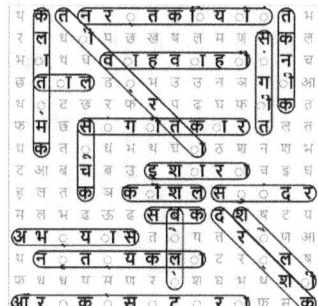

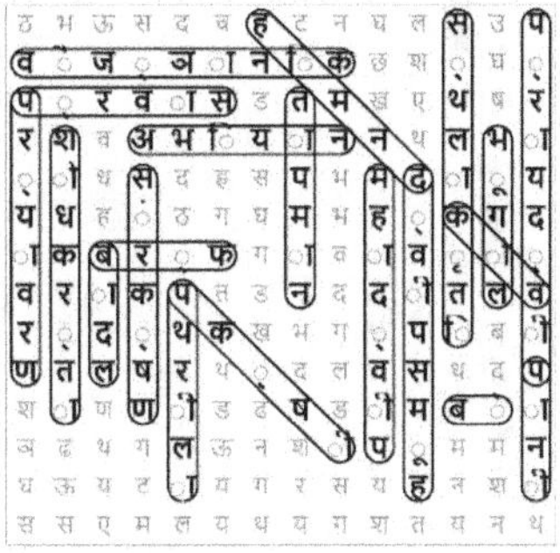

51 - Ballet

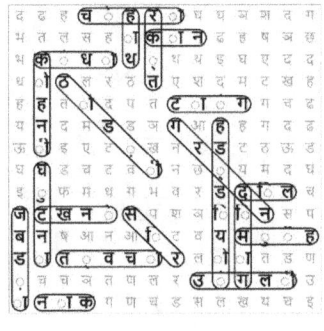

52 - Human Body

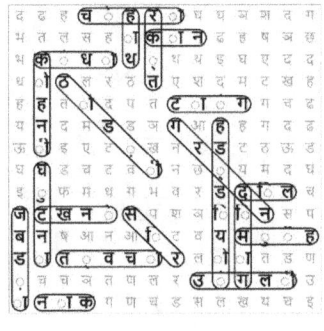

53 - Musical Instruments

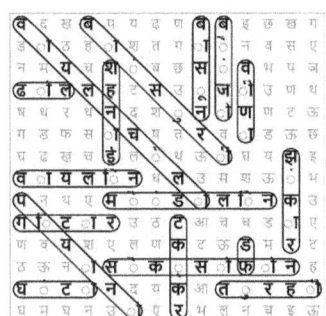

54 - Cooking Tools

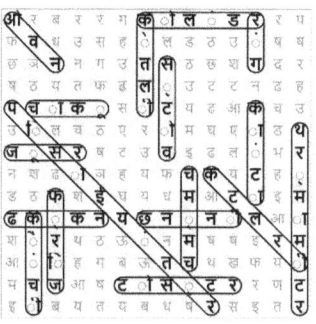

55 - Fruit

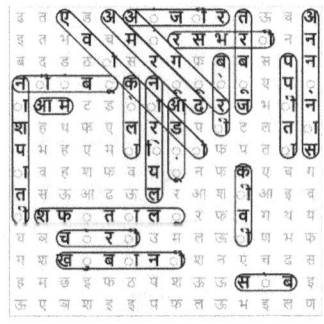

56 - Virtues #1

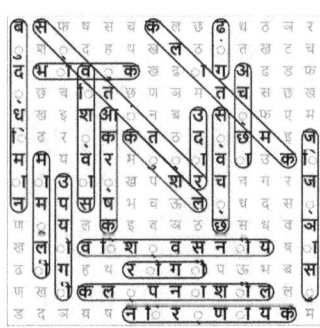

57 - Kitchen

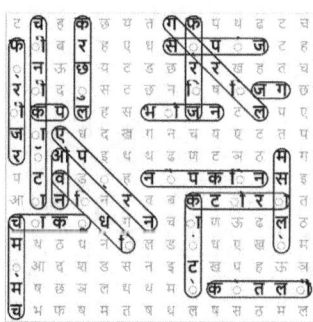

58 - Art Supplies

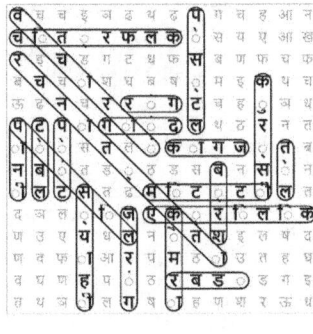

59 - Science Fiction

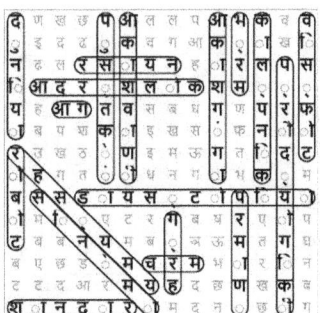

60 - Kindness

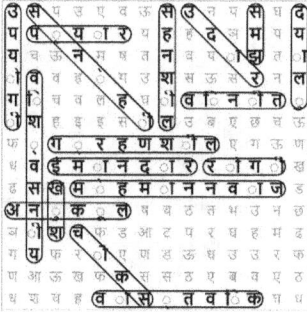

61 - Airplanes

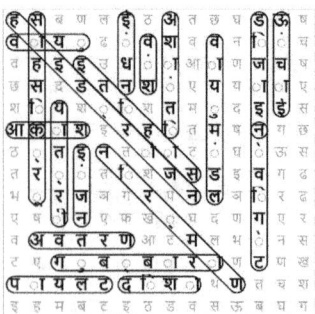

62 - Ocean

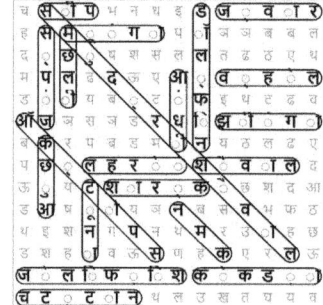

63 - Birds

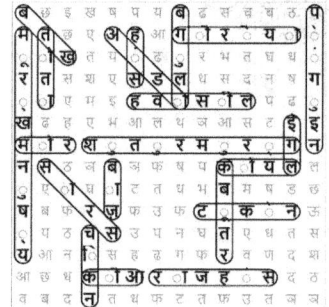

64 - Art

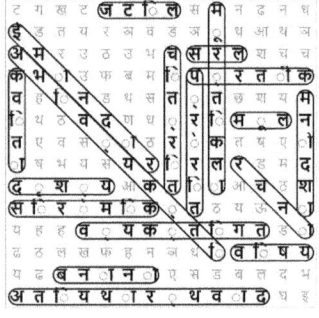

65 - Nutrition

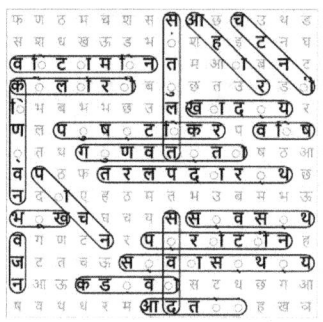

66 - Hiking

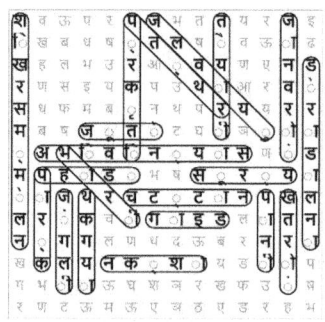

67 - Professions #1

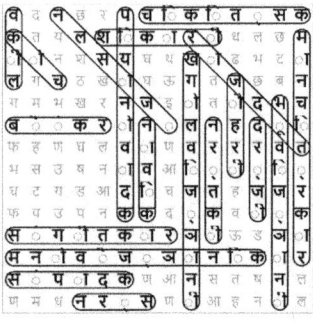

68 - Dinosaurs

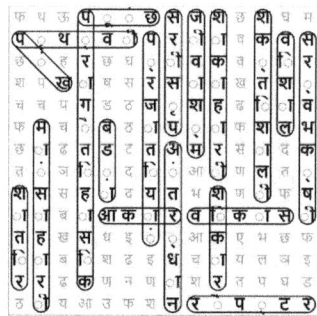

69 - Barbecues

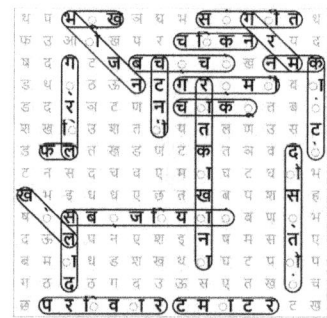

70 - Surfing

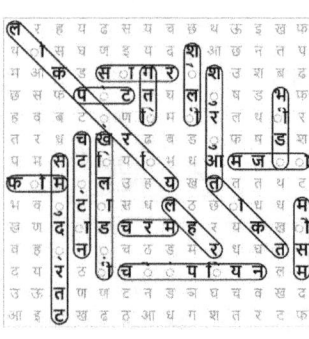

71 - Chocolate

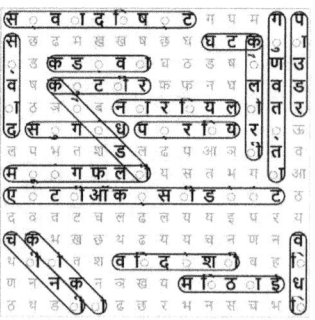

72 - Vegetables

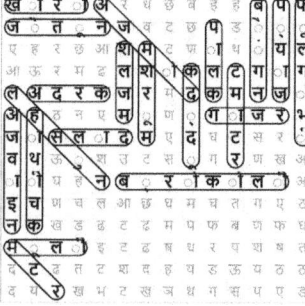

73 - Boats

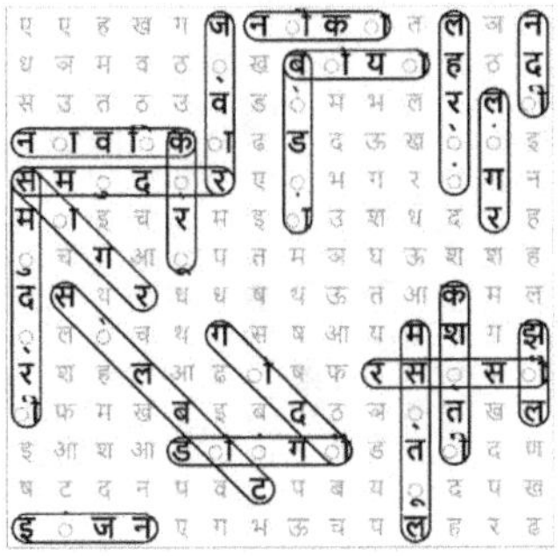

74 - Activities and Leisure

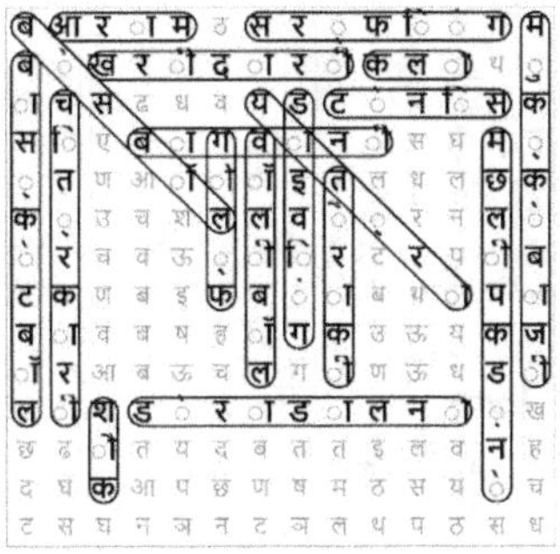

75 - Driving

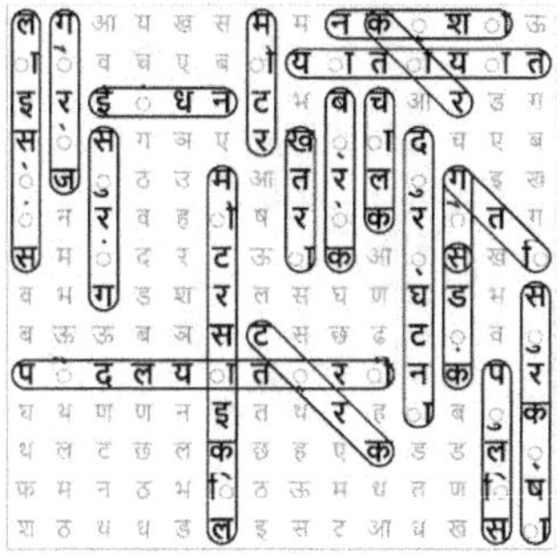

76 - Professions #2

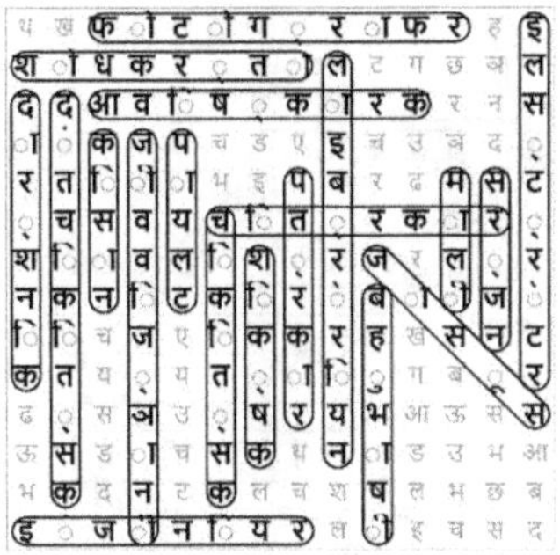

77 - Emotions

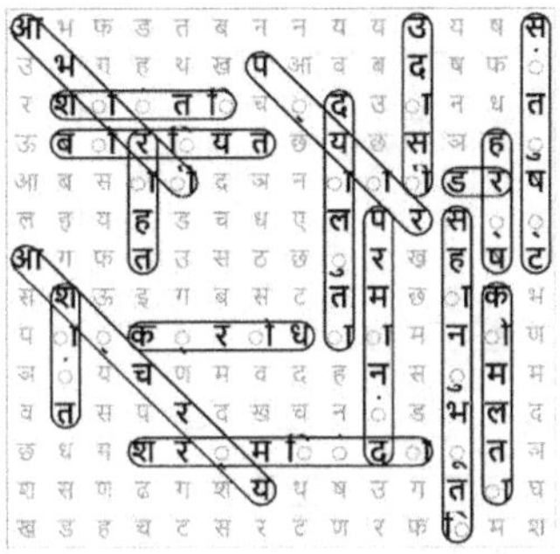

78 - Mythology

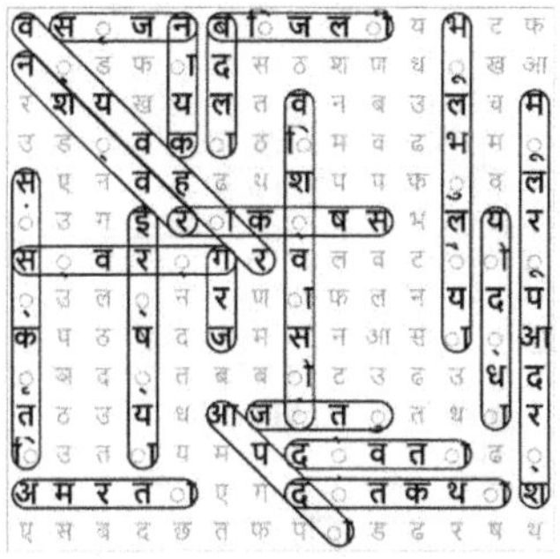

79 - Hair Types

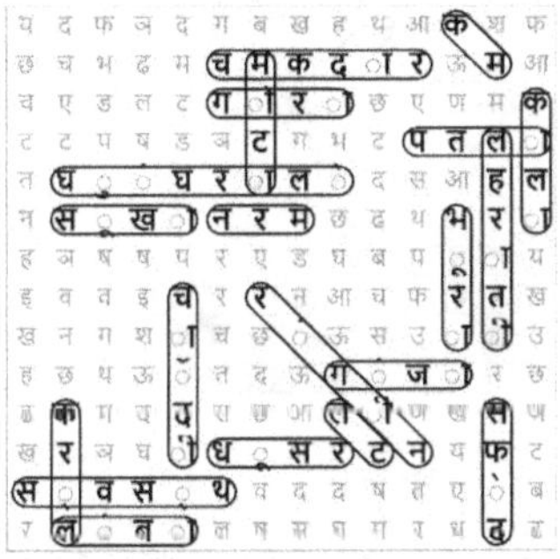

80 - Garden

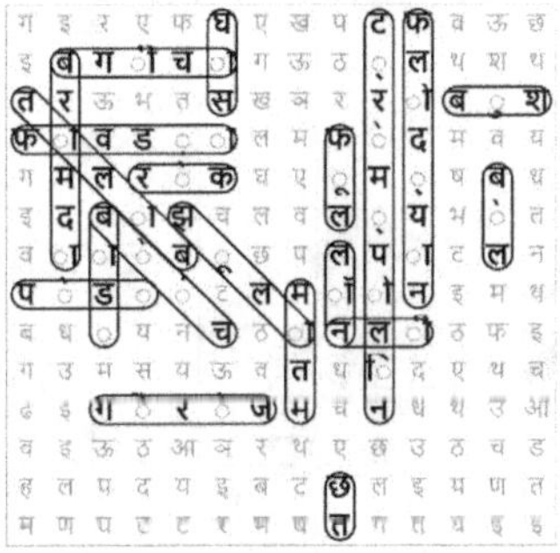

81 - Birthday

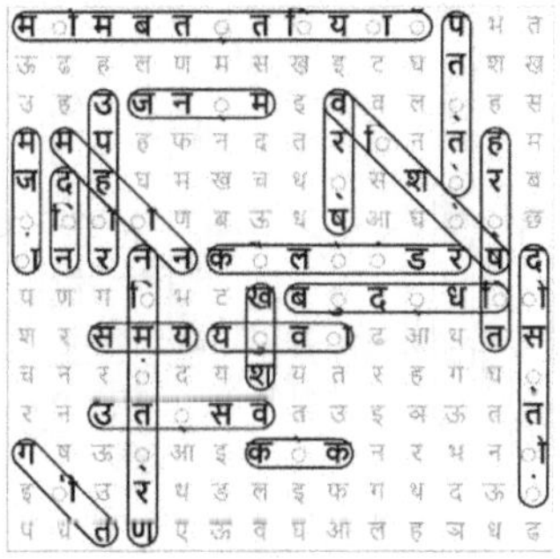

82 - Beach

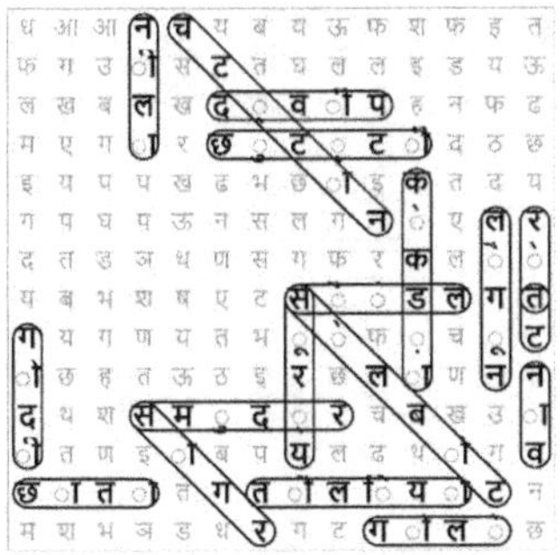

83 - Adjectives #1

84 - Rainforest

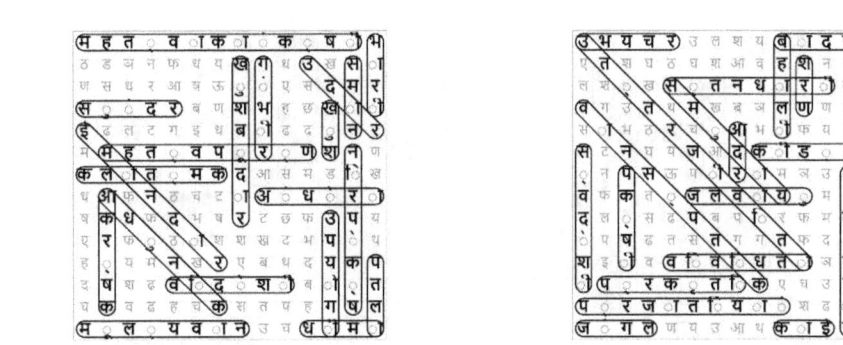

85 - Technology

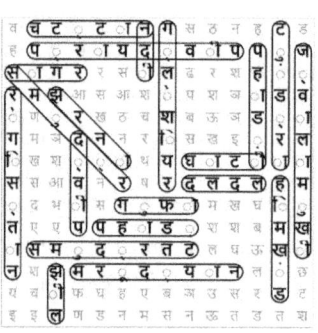

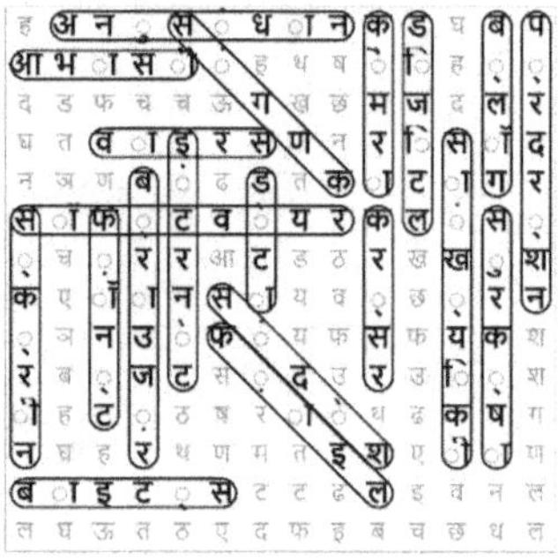

86 - Landscapes

87 - Visual Arts

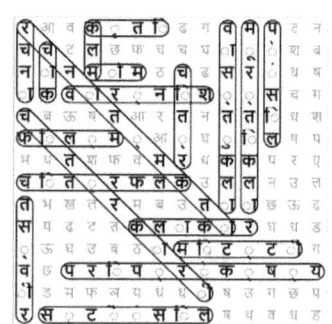

88 - Plants

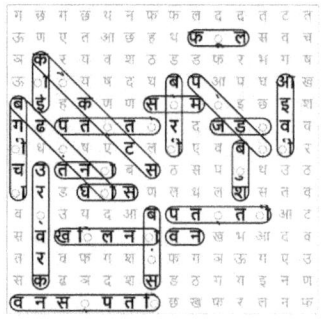

89 - Countries #2

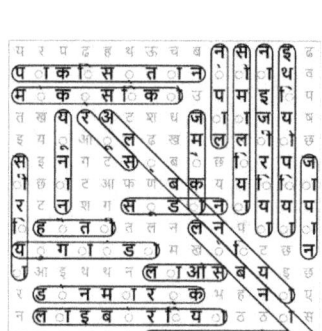

90 - Ecology

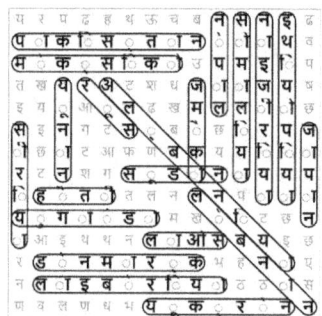

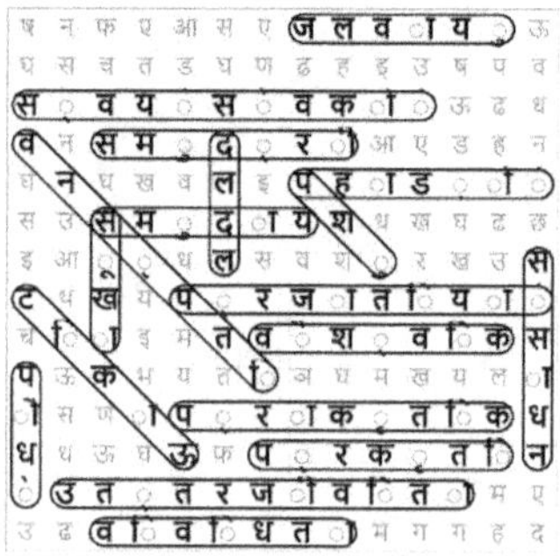

91 - Adjectives #2

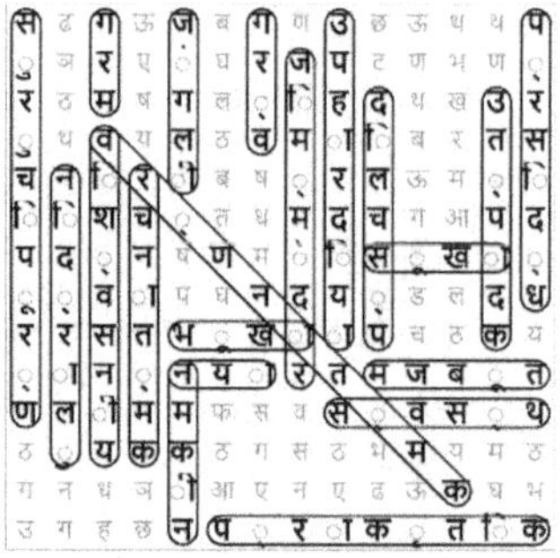

92 - Math

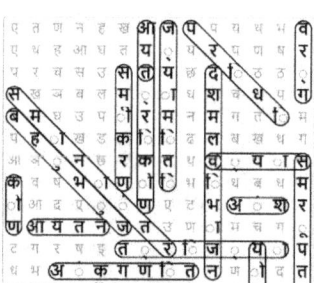

93 - Water

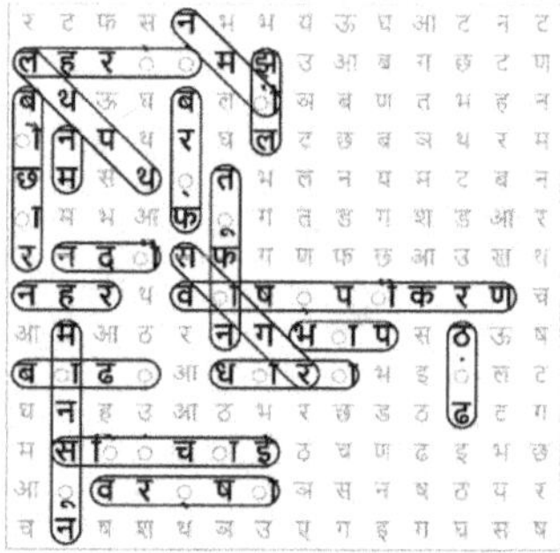

94 - Activities

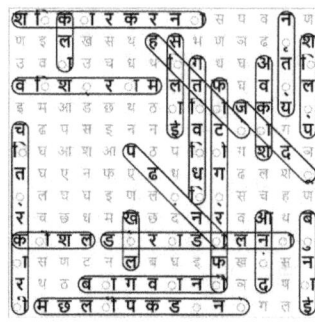

95 - Literature

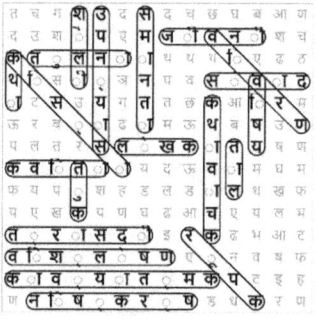

96 - Geography

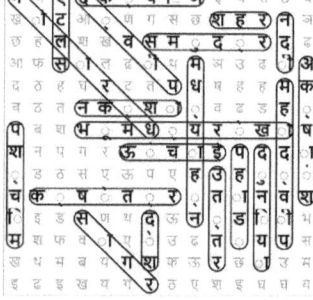

97 - Pets

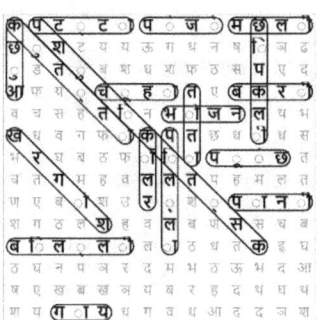

98 - Nature

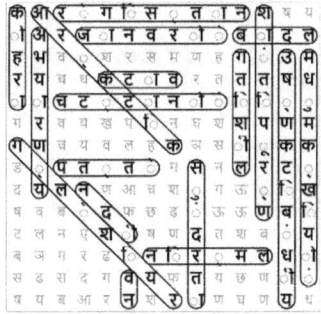

99 - Championship

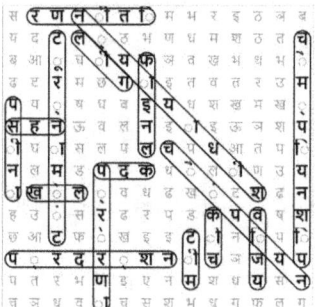

100 - Vacation #2

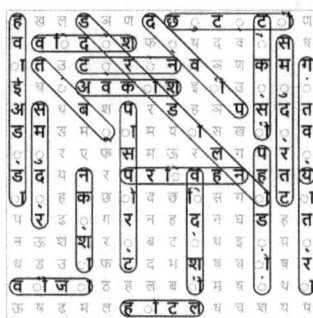

Dictionary

Activities
गतविधियिाँ

Activity	गतविधि
Art	कला
Camping	डेरा डालना
Crafts	शल्पि
Dancing	नृत्य
Fishing	मछली पकड़ने
Games	खेल
Gardening	बागवानी
Hunting	शकिार करना
Interests	हतिों
Knitting	बुनाई
Leisure	अवकाश
Magic	जादू
Painting	चत्रिकारी
Photography	फोटोग्राफी
Pleasure	आनंद
Reading	पढ़ना
Relaxation	वशि्राम
Sewing	सलिाई
Skill	कौशल

Activities and Leisure
गतविधियिाँ और अवकाश

Art	कला
Baseball	बेसबॉल
Basketball	बास्केटबॉल
Boxing	मुक्केबाजी
Camping	डेरा डालना
Diving	डाइवगि
Fishing	मछली पकड़ने
Gardening	बागवानी
Golf	गोल्फ
Hobbies	शौक
Painting	चत्रिकारी
Relaxing	आराम
Shopping	खरीदारी
Surfing	सर्फगि
Swimming	तैराकी
Tennis	टेनसि
Travel	यात्रा
Volleyball	वॉलीबॉल

Adjectives #1
वशिषण #1

Absolute	नरिपेक्ष
Ambitious	महत्वाकांक्षी
Aromatic	खुशबूदार
Artistic	कलात्मक
Attractive	आकर्षक
Beautiful	सुंदर
Dark	अंधेरा
Exotic	वदिेशी
Generous	उदार
Happy	खुश
Heavy	भारी
Helpful	उपयोगी
Honest	ईमानदार
Identical	समान
Important	महत्वपूर्ण
Modern	आधुनकि
Serious	गंभीर
Slow	धीमा
Thin	पतला
Valuable	मूल्यवान

Adjectives #2
वशिषण #2

Authentic	वशि्वसनीय
Creative	रचनात्मक
Descriptive	वर्णनात्मक
Dry	सूखा
Elegant	सुरुचपूिर्ण
Famous	प्रसदि्ध
Gifted	उपहार दयिा
Healthy	स्वस्थ
Hot	गरम
Hungry	भूखा
Interesting	दलिचस्प
Natural	प्राकृतकि
New	नया
Productive	उत्पादक
Proud	गर्व
Responsible	जमि्मेदार
Salty	नमकीन
Sleepy	नदि्रालु
Strong	मजबूत
Wild	जंगली

Adventure
साहसकि कार्य

Activity	गतविधि
Beauty	सुंदरता
Bravery	वीरता
Challenges	चुनौतयिों
Chance	मौका
Dangerous	खतरनाक
Destination	गंतव्य
Difficulty	कठनिाई
Enthusiasm	उत्साह
Excursion	भ्रमण
Friends	दोस्तों
Joy	हर्ष
Nature	प्रकृति
Navigation	पथ प्रदर्शन
New	नया
Opportunity	अवसर
Preparation	तैयारी
Safety	सुरक्षा
Travels	यात्रा
Unusual	असामान्य

Airplanes
हवाई जहाज

Adventure	साहसकि
Air	वायु
Atmosphere	वायुमंडल
Balloon	गुब्बारा
Construction	नरि्माण
Crew	क्रू
Descent	वंश
Design	डजिाइन
Direction	दशिा
Engine	इंजन
Fuel	ईंधन
Height	ऊंचाई
History	इतहिास
Hydrogen	हाइड्रोजन
Landing	अवतरण
Navigate	नेवगिेट
Passenger	यात्री
Pilot	पायलट
Sky	आकाश
Turbulence	अशांति

Antarctica
अंटार्कटिका

Bay	बे
Birds	पक्षी
Clouds	बादल
Conservation	संरक्षण
Continent	महाद्वीप
Cove	कोव
Environment	पर्यावरण
Expedition	अभियान
Geography	भूगोल
Glaciers	हिमनद
Ice	बर्फ
Islands	द्वीप समूह
Migration	प्रवास
Peninsula	प्रायद्वीप
Researcher	शोधकर्ता
Rocky	पथरीला
Scientific	वैज्ञानिक
Temperature	तापमान
Topography	स्थलाकृति
Water	पानी

Art
कला

Ceramic	सिरेमिक
Complex	जटिल
Composition	रचना
Create	बनाना
Expression	अभिव्यक्ति
Honest	ईमानदार
Inspired	प्रेरित
Mood	मनोदशा
Original	मूल
Personal	व्यक्तिगत
Poetry	कविता
Portray	चित्रित
Sculpture	मूर्तिकला
Simple	सरल
Subject	विषय
Surrealism	अतियथार्थवाद
Symbol	प्रतीक
Visual	दृश्य

Art Supplies
कला की आपूर्ति

Acrylic	एक्रिलिक
Brushes	ब्रश
Camera	कैमरा
Chair	कुर्सी
Clay	मिट्टी
Colors	रंग
Creativity	रचनात्मकता
Easel	चित्रफलक
Eraser	रबड़
Glue	गोंद
Ideas	विचारों
Ink	स्याही
Oil	तेल
Paints	पेंट
Paper	कागज
Pastels	पेस्टल
Pencils	पेंसिल
Table	टेबल
Water	पानी
Watercolors	जल रंग

Astronomy
खगोल विद्या

Asteroid	क्षुद्रग्रह
Astronomer	खगोल विज्ञानी
Constellation	नक्षत्र
Cosmos	ब्रह्मांड
Earth	पृथ्वी
Eclipse	ग्रहण
Equinox	विषुव
Galaxy	आकाशगंगा
Meteor	उल्का
Moon	चाँद
Nebula	निहारिका
Observatory	वेधशाला
Planet	ग्रह
Radiation	विकिरण
Rocket	रॉकेट
Satellite	उपग्रह
Sky	आकाश
Solar	सौर
Supernova	सुपरनोवा
Zodiac	राशि

Ballet
बैले

Applause	वाहवाही
Artistic	कलात्मक
Audience	दर्शक
Ballerina	बैले
Choreography	नृत्यकला
Composer	संगीतकार
Dancers	नर्तकियों
Expressive	सूचक
Gesture	इशारा
Graceful	सुंदर
Intensity	तीव्रता
Lessons	सबक
Muscles	मांसपेशियों
Music	संगीत
Orchestra	ऑर्केस्ट्रा
Practice	अभ्यास
Rhythm	ताल
Skill	कौशल
Style	शैली
Technique	तकनीक

Barbecues
बारबेक्यू

Chicken	चिकन
Children	बच्चे
Dinner	रात का खाना
Family	परिवार
Food	भोजन
Forks	कांटे
Friends	दोस्तों
Fruit	फल
Games	खेल
Grill	ग्रिल
Hot	गरम
Hunger	भूख
Knives	चाकू
Music	संगीत
Salads	सलाद
Salt	नमक
Sauce	चटनी
Summer	गर्मी
Tomatoes	टमाटर
Vegetables	सब्जियां

Bathroom
स्नानघर

Bath	स्नान
Bubbles	बुलबुले
Faucet	नल
Lotion	लोशन
Mirror	दर्पण
Perfume	इत्र
Rug	गलीचा
Scissors	कैंची
Shampoo	शैम्पू
Shower	बौछार
Soap	साबुन
Sponge	स्पंज
Steam	भाप
Toilet	शौचालय
Towel	तौलिया
Water	पानी

Beach
समुद्र तट

Blue	नीला
Boat	नाव
Coast	तट
Crab	केकड़ा
Dock	गोदी
Island	द्वीप
Lagoon	लैगून
Ocean	सागर
Reef	चट्टान
Sailboat	सेलबोट
Sand	रेत
Sandals	सैंडल
Sea	समुद्र
Shells	गोले
Sun	सूर्य
Towel	तौलिया
Umbrella	छाता
Vacation	छुट्टी

Bees
मधुमक्खियों

Beneficial	लाभकारी
Blossom	खलिना
Diversity	ववधिता
Flowers	फूल
Food	भोजन
Fruit	फल
Garden	बगीचा
Hive	छत्ता
Honey	शहद
Insect	कीट
Plants	पौधे
Pollen	पराग
Pollinator	परागणक
Queen	रानी
Smoke	धुआँ
Sun	सूर्य
Swarm	झुंड
Wax	मोम
Wings	पंख

Birds
पक्षयिों

Chicken	चकिन
Crow	कौआ
Cuckoo	कोयल
Duck	बतख
Eagle	ईगल
Egg	अंडा
Flamingo	राजहंस
Gull	मूर्ख मनुष्य
Hawk	बाज़
Heron	बगुला
Ostrich	शुतुरमुर्ग
Parrot	तोता
Peacock	मोर
Pelican	हवासील
Penguin	पेंगुइन
Pigeon	कबूतर
Sparrow	गौरैया
Stork	सारस
Swan	हंस
Toucan	टूकेन

Birthday
जन्मदनि

Born	जन्म
Cake	केक
Calendar	कैलेंडर
Candles	मोमबत्तियाँ
Cards	पत्ते
Celebration	उत्सव
Day	दनि
Friends	दोस्तों
Fun	मज़ा
Gift	उपहार
Great	महान
Happy	खुश
Invitations	नमिंत्रण
Joyful	हर्षति
Song	गीत
Special	वशिष
Time	समय
Wisdom	बुद्धि
Year	वर्ष
Young	युवा

Boats
नौकाएँ

Anchor	लंगर
Buoy	बोया
Canoe	डोंगी
Crew	क्रू
Dock	गोदी
Engine	इंजन
Kayak	कश्ती
Lake	झील
Mast	मस्तूल
Nautical	समुद्री
Ocean	सागर
Raft	बेड़ा
River	नदी
Rope	रस्सी
Sailboat	सेलबोट
Sailor	नावकि
Sea	समुद्र
Tide	ज्वार
Waves	लहरें
Yacht	नौका

Books
पुस्तकें

Adventure	साहसकि
Author	लेखक
Collection	संग्रह
Context	संदर्भ
Duality	द्वंद्व
Epic	महाकाव्य
Historical	ऐतहिासकि
Humorous	वनिोदी
Inventive	आवषि्कारशील
Literary	साहत्यिकि
Narrator	कथावाचक
Novel	उपन्यास
Page	पृष्ठ
Poem	कवति
Reader	पाठक
Relevant	प्रासंगकि
Series	शृंखला
Story	कहानी
Tragic	दुखद
Written	लखिति

Buildings
इमारतें

Apartment	अपार्टमेंट
Barn	खलहिान
Cabin	केबनि
Castle	कलिा
Cinema	सनिमा
Embassy	दूतावास
Factory	फैक्टरी
Hospital	अस्पताल
Hostel	छात्रावास
Hotel	होटल
Laboratory	प्रयोगशाला
Museum	संग्रहालय
Observatory	वेधशाला
School	स्कूल
Stadium	स्टेडयिम
Supermarket	सुपरमार्केट
Tent	तंबू
Theater	थएिटर
Tower	मीनार
University	वशि्ववद्यालय

Camping
कैम्पगि

Adventure	साहसकि
Animals	जानवरों
Cabin	केबनि
Canoe	डोंगी
Compass	दक्सिूचक
Fire	आग
Forest	वन
Fun	मज़ा
Hammock	झूला
Hat	टोपी
Hunting	शकिार करना
Insect	कीट
Lake	झील
Map	नक्शा
Moon	चाँद
Mountain	पहाड़
Nature	प्रकृत
Rope	रस्सी
Tent	तंबू
Trees	पेड़

Castles
महल

Armor	कवच
Catapult	गुलेल
Crown	ताज
Dragon	अजगर
Dynasty	राजवंश
Empire	साम्राज्य
Feudal	सामंती
Fortress	कलि
Horse	घोड़ा
Knight	शूरवीर
Moat	खाई
Noble	महान
Palace	महल
Prince	राजकुमार
Princess	राजकुमारी
Sword	तलवार
Tower	मीनार
Unicorn	गेंडा
Wall	दीवार

Cats
बलि्ली की

Affectionate	स्नेही
Crazy	पागल
Curious	जज्ञिासु
Fast	तेज
Fur	फर
Hunter	शकिारी
Independent	स्वतंत्र
Little	थोड़ा
Mouse	चूहा
Paw	पंजा
Personality	व्यक्तत्वि
Playful	चंचल
Shy	शर्मीला
Sleep	नींद
Tail	पूंछ
Wild	जंगली
Yarn	धागा

Championship
प्रतयिोगता

Champion	चैंपयिन
Championship	चैम्पयिनशपि
Coach	कोच
Endurance	सहन
Finalist	फाइनल
Judge	न्यायाधीश
League	लीग
Medal	पदक
Motivation	प्रेरणा
Performance	प्रदर्शन
Perspiration	पसीना
Sports	खेल
Strategy	रणनीत
Team	टीम
Tournament	टूर्नामेंट
Victory	वजिय

Chess
शतरंज

Black	काला
Challenges	चुनौतियों
Champion	चैंपियन
Clever	चतुर
Contest	प्रतियोगिता
Diagonal	विकिरण
Game	खेल
King	राजा
Opponent	विरोधी
Passive	निष्क्रिय
Player	खिलाड़ी
Points	अंक
Queen	रानी
Rules	नियम
Sacrifice	बलिदान
Strategy	रणनीति
Time	समय
Tournament	टूर्नामेंट
White	सफेद

Chocolate
चॉकलेट

Antioxidant	एंटीऑक्सीडेंट
Aroma	सुगंध
Artisanal	कुटीर
Bitter	कड़वा
Cacao	कोको
Calories	कैलोरी
Candy	कैंडी
Coconut	नारियल
Delicious	स्वादिष्ट
Exotic	विदेशी
Favorite	प्रिय
Ingredient	घटक
Peanuts	मूंगफली
Powder	पाउडर
Quality	गुणवत्ता
Recipe	विधि
Sugar	चीनी
Sweet	मिठाई
Taste	स्वाद

Circus
सर्कस

Acrobat	नट
Animals	जानवरों
Balloons	गुब्बारे
Candy	कैंडी
Clown	जोकर
Costume	पोशाक
Elephant	हाथी
Entertain	मनोरंजन
Juggler	बाजीगर
Lion	शेर
Magic	जादू
Magician	जादूगर
Monkey	बंदर
Music	संगीत
Parade	परेड
Show	प्रदर्शन
Spectator	दर्शक
Tent	तंबू
Tiger	बाघ
Trick	छल

Climbing
क्लाइम्बिंग

Altitude	ऊंचाई
Atmosphere	वायुमंडल
Boots	जूते
Cave	गुफा
Challenges	चुनौतियों
Curiosity	जिज्ञासा
Expert	विशेषज्ञ
Gloves	दस्ताने
Guides	गाइड
Helmet	हेलमेट
Injury	चोट
Map	नक्शा
Narrow	संकीर्ण
Physical	शारीरिक
Stability	स्थिरिता
Strength	ताकत
Terrain	भूभाग
Training	प्रशिक्षण

Clothes
कपडे

Apron	एप्रन
Belt	बेल्ट
Blouse	ब्लाउज
Bracelet	कंगन
Coat	कोट
Dress	पोशाक
Fashion	फैशन
Gloves	दस्ताने
Hat	टोपी
Jacket	जैकेट
Jeans	जीन्स
Jewelry	आभूषण
Pajamas	पाजामा
Pants	पैंट
Sandals	सैंडल
Scarf	दुपट्टा
Shirt	कमीज
Shoe	जूता
Skirt	स्कर्ट
Sweater	स्वेटर

Comedy
कॉमेडी

Actor	अभिनेता
Actress	अभिनेत्री
Applause	वाहवाही
Audience	दर्शक
Clever	चतुर
Clowns	जोकर
Expressive	सूचक
Fun	मज़ा
Genre	शैली
Humor	हास्य
Improvisation	कामचलाऊ
Jokes	चुटकुले
Laughter	हँसी
Parody	पैरोडी
Television	टेलीविजन
Theater	थिएटर

Cooking Tools
खाना पकाने के उपकरण

Colander	कोलंडर
Cutlery	कटलरी
Fork	कांटा
Grater	पसिाई यंत्र
Juicer	जूसर
Kettle	केतली
Knife	चाकू
Lid	ढक्कन
Oven	ओवन
Refrigerator	फ्रजि
Scissors	कैंची
Spatula	रंग
Spoon	चम्मच
Stove	स्टोव
Strainer	छन्नी
Thermometer	थर्मामीटर
Toaster	टोस्टर

Countries #2
देशों #2

Albania	अल्बानयिा
Denmark	डेनमार्क
Ethiopia	इथयिोपयिा
Greece	यूनान
Haiti	हैती
Jamaica	जमैका
Japan	जापान
Laos	लाओस
Lebanon	लेबनान
Liberia	लाइबेरयिा
Mexico	मेक्सकिो
Nepal	नेपाल
Nigeria	नाइजीरयिा
Pakistan	पाकस्तिान
Russia	रूस
Somalia	सोमालयिा
Sudan	सूडान
Syria	सीरयिा
Uganda	युगांडा
Ukraine	यूक्रेन

Dance
नृत्य

Academy	अकादमी
Art	कला
Body	शरीर
Choreography	नृत्यकला
Classical	शास्त्रीय
Cultural	सांस्कृतकि
Culture	संस्कृत
Emotion	भावना
Expressive	सूचक
Grace	कृपा
Joyful	हर्षति
Movement	गत
Music	संगीत
Partner	साथी
Posture	आसन
Rehearsal	रहिर्सल
Rhythm	ताल
Traditional	परंपरागत
Visual	दृश्य

Days and Months
दनि और महीने

April	अप्रैल
August	अगस्त
Calendar	कैलेंडर
February	फरवरी
Friday	शुक्रवार
January	जनवरी
July	जुलाई
March	मार्च
Monday	सोमवार
Month	महीना
November	नवंबर
October	अक्टूबर
Saturday	शनविार
September	सतिंबर
Sunday	रवविार
Thursday	गुरूवार
Tuesday	मंगलवार
Wednesday	बुधवार
Week	सप्ताह
Year	वर्ष

Dinosaurs
डायनासोर

Carnivore	मांसाहारी
Disappearance	अंतर्धान
Earth	पृथ्वी
Evolution	वकिास
Fossils	जीवाश्म
Herbivore	शाकाहारी
Large	बड़ा
Mammoth	वशिाल
Omnivore	सर्वभक्षी
Powerful	शक्तशिाली
Prehistoric	प्रागैतहिासकि
Prey	शकिार
Raptor	रैप्टर
Reptile	सरीसृप
Size	आकार
Species	प्रजातयिां
Tail	पूंछ
Vicious	शातरि
Wings	पंख

Driving
ड्राइवगि

Accident	दुर्घटना
Brakes	ब्रेक
Car	कार
Danger	खतरा
Driver	चालक
Fuel	ईंधन
Garage	गैरेज
Gas	गैस
License	लाइसेंस
Map	नक्शा
Motor	मोटर
Motorcycle	मोटरसाइकलि
Pedestrian	पैदल यात्री
Police	पुलसि
Road	सड़क
Safety	सुरक्षा
Speed	गत
Traffic	यातायात
Truck	ट्रक
Tunnel	सुरंग

Ecology
परस्थितिकी

Climate	जलवायु
Communities	समुदाय
Diversity	ववििधिता
Drought	सूखा
Fauna	पशु
Global	वैश्वकि
Marine	समुद्री
Marsh	दलदल
Mountains	पहाड़ों
Natural	प्राकृतकि
Nature	प्रकृत
Plants	पौधे
Resources	संसाधन
Species	प्रजातयिां
Survival	उत्तरजीवतिा
Sustainable	टकिाऊ
Vegetation	वनस्पत
Volunteers	स्वयंसेवकों

Emotions
भावनाएँ

Anger	क्रोध
Bliss	परमानंद
Boredom	बोरयित
Calm	शांत
Embarrassed	शर्मदिा
Fear	डर
Grateful	आभारी
Joy	हर्ष
Kindness	दयालुता
Love	प्यार
Peace	शांत
Relief	राहत
Sadness	उदासी
Satisfied	संतुष्ट
Surprise	आश्चर्य
Sympathy	सहानुभूत
Tenderness	कोमलता

Exploration
अन्वेषण

Activity	गतविधि
Animals	जानवरों
Courage	साहस
Cultures	संस्कृतयिों
Determination	दृढ़ नश्चिय
Discovery	खोज
Distant	दूर
Excitement	उत्साह
Exhaustion	थकावट
Hazards	खतरों
Language	भाषा
New	नया
Perilous	जोखमि
Space	अंतरक्षि
Terrain	भूभाग
Travel	यात्रा
Unknown	अनजान
Wild	जंगली

Family
परविार

Ancestor	पूर्वज
Aunt	चाची
Brother	भाई
Child	बच्चा
Childhood	बचपन
Children	बच्चे
Cousin	चचेरा भाई
Daughter	बेटी
Father	पति
Grandfather	दादा
Grandson	पोता
Husband	पत
Maternal	मातृ
Mother	मां
Nephew	भतीजा
Niece	भतीजी
Paternal	पैतृक
Sister	बहन
Uncle	चाचा
Wife	बीवी

Farm #1
फार्म #1

Agriculture	कृष
Bee	मधुमक्खी
Calf	बछड़ा
Cat	बल्लिी
Chicken	चकिन
Cow	गाय
Crow	कौआ
Dog	कुत्ता
Donkey	गधा
Fence	बाड़
Fertilizer	उर्वरक
Field	खेत
Flock	झुंड
Goat	बकरी
Hay	घास
Honey	शहद
Horse	घोड़ा
Rice	चावल
Seeds	बीज
Water	पानी

Farm #2
फार्म #2

Animals	जानवरों
Barley	जौ
Barn	खलहिान
Corn	मकई
Duck	बतख
Farmer	कसिान
Food	भोजन
Fruit	फल
Irrigation	सचिाई
Lamb	मेमना
Llama	लामा
Meadow	घास का मैदान
Milk	दूध
Orchard	फलोद्यान
Ripe	पका हुआ
Sheep	भेड़
Shepherd	चरवाहा
Tractor	ट्रैक्टर
Vegetable	सब्जी
Wheat	गेहूँ

Fishing
फशिगि

Bait	चारा
Basket	टोकरी
Beach	समुद्र तट
Boat	नाव
Cook	रसोइया
Equipment	उपकरण
Exaggeration	अतशियोक्त‍ि
Fins	पंख
Gills	गल्सि
Hook	हुक
Jaw	जबड़ा
Lake	झील
Ocean	सागर
Patience	धैर्य
River	नदी
Scales	तराजू
Season	ऋतु
Water	पानी
Weight	वजन
Wire	तार

Flowers
फूल

Bouquet	गुलदस्ता
Clover	आनन्द
Daisy	डेज़ी
Dandelion	डन्डेलअनि
Gardenia	गार्डेनयिा
Hibiscus	हबिसि्कुस
Jasmine	चमेली
Lavender	लैवेंडर
Lily	लल्लिी
Magnolia	मैगनोलयिा
Orchid	आर्कडि
Peony	चपरासी
Petal	पत्ती
Plumeria	प्लूमेरयिा
Poppy	पोस्ता
Rose	गुलाब
Sunflower	सूरजमुखी
Tulip	ट्यूलपि

Food #1
खाना #1

Apricot	खुबानी
Barley	जौ
Basil	तुलसी
Carrot	गाजर
Cinnamon	दालचीनी
Garlic	लहसुन
Juice	रस
Lemon	नींबू
Milk	दूध
Onion	प्याज
Peanut	मूंगफली
Pear	नाशपाती
Salad	सलाद
Salt	नमक
Soup	सूप
Spinach	पालक
Strawberry	स्ट्रॉबेरी
Sugar	चीनी
Tuna	टूना
Turnip	शलजम

Food #2
खाना #2

Apple	सेब
Artichoke	हाथी चक
Banana	केला
Broccoli	ब्रोकोली
Celery	अजवाइन
Cheese	पनीर
Cherry	चेरी
Chicken	चकिन
Chocolate	चॉकलेट
Egg	अंडा
Eggplant	बैंगन
Fish	मछली
Grape	अंगूर
Ham	हैम
Kiwi	कीवी
Mushroom	मशरूम
Rice	चावल
Tomato	टमाटर
Wheat	गेहूँ
Yogurt	दही

Fruit
फ्रूट

Apple	सेब
Apricot	खुबानी
Avocado	एवोकाडो
Banana	केला
Berry	बेरी
Cherry	चेरी
Coconut	नारयिल
Fig	अंजीर
Grape	अंगूर
Guava	अमरूद
Kiwi	कीवी
Lemon	नींबू
Mango	आम
Melon	तरबूज
Nectarine	शफ़तालू
Papaya	पपीता
Peach	आड़ू
Pear	नाशपाती
Pineapple	अनन्नास
Raspberry	रसभरी

Garden
बगीचा

Bench	बेंच
Bush	बुश
Fence	बाड़
Flower	फूल
Garage	गैरेज
Garden	बगीचा
Grass	घास
Hammock	झूला
Hose	नली
Lawn	लॉन
Orchard	फलोद्यान
Pond	तालाब
Porch	बरामदा
Rake	रेक
Shovel	फावड़ा
Terrace	छत
Trampoline	ट्रेम्पोलनि
Tree	पेड़
Vine	बेल
Weeds	मातम

Geography
भूगोल

Altitude	ऊंचाई
Atlas	एटलस
City	शहर
Continent	महाद्वीप
Country	देश
Equator	भूमध्य रेखा
Hemisphere	गोलार्ध
Island	द्वीप
Latitude	अक्षांश
Map	नक्शा
Meridian	मध्याह्न
Mountain	पहाड़
North	उत्तर
Ocean	सागर
River	नदी
Sea	समुद्र
South	दक्षणि
Territory	क्षेत्र
West	पश्चमि
World	दुनयाि

Geology
भूवज्ञिान

Acid	एसडि
Calcium	कैल्शयिम
Cavern	गुफा
Continent	महाद्वीप
Coral	मूंगा
Crystals	क्रस्टिल
Cycles	चक्र
Earthquake	भूकंप
Erosion	कटाव
Fossil	जीवाश्म
Lava	लावा
Layer	परत
Minerals	खनजि
Molten	पघिला हुआ
Plateau	पठार
Quartz	क्वार्ट्ज
Salt	नमक
Stalactite	स्टैलेक्टाइट
Stone	पत्थर
Volcano	ज्वालामुखी

Hair Types
बालों के प्रकार

Bald	गंजा
Black	काला
Blond	गोरा
Braided	लट
Brown	भूरा
Colored	रंगीन
Curls	कर्ल
Curly	घुंघराले
Dry	सूखा
Gray	धूसर
Healthy	स्वस्थ
Long	लंबा
Shiny	चमकदार
Short	कम
Silver	चाँदी
Soft	नरम
Thick	मोटा
Thin	पतला
Wavy	लहराती
White	सफेद

Herbalism
हर्बलज्मि

Aromatic	खुशबूदार
Basil	तुलसी
Beneficial	लाभकारी
Culinary	पाक
Fennel	सौंफ
Flavor	स्वाद
Flower	फूल
Garden	बगीचा
Garlic	लहसुन
Green	हरा
Ingredient	घटक
Lavender	लैवेंडर
Marjoram	कुठरा
Mint	पुदीना
Parsley	अजमोद
Plant	पौधा
Quality	गुणवत्ता
Rosemary	दौनी
Saffron	केसर
Tarragon	तारगोन

Hiking
लंबी पैदल यात्रा

Animals	जानवरों
Boots	जूते
Camping	डेरा डालना
Cliff	चट्टान
Climate	जलवायु
Guides	गाइड
Hazards	खतरों
Heavy	भारी
Map	नक्शा
Mountain	पहाड़
Nature	प्रकृति
Orientation	अभविन्यास
Parks	पार्क
Preparation	तैयारी
Stones	पत्थर
Summit	शखिर सम्मेलन
Sun	सूर्य
Tired	थक गया
Water	पानी
Wild	जंगली

House
हाउस

Attic	अटारी
Broom	झाड़ू
Curtains	पर्दे
Door	दरवाजा
Fence	बाड़
Fireplace	चमिनी
Floor	तल
Furniture	फर्नीचर
Garage	गैरेज
Garden	बगीचा
Keys	कुंजी
Kitchen	रसोई
Lamp	दीपक
Library	पुस्तकालय
Mirror	दर्पण
Roof	छत
Room	कक्ष
Shower	बौछार
Wall	दीवार
Window	खड़िकी

Human Body
मानव शरीर

Ankle	टखने
Blood	रक्त
Bones	हड्डियों
Brain	दमिाग
Chin	ठोड़ी
Ear	कान
Elbow	कोहनी
Face	चेहरा
Finger	उंगली
Hand	हाथ
Head	सरि
Heart	दलि
Jaw	जबड़ा
Knee	घुटना
Leg	टांग
Mouth	मुँह
Neck	गर्दन
Nose	नाक
Shoulder	कंधा
Skin	त्वचा

Insects
कीड़े

Ant	चींटी
Aphid	एफिड
Bee	मधुमक्खी
Beetle	भृंग
Butterfly	तितली
Cicada	सकािडा
Cockroach	तलिचट्टा
Dragonfly	ड्रैगनफ्लाई
Flea	पस्सि
Gnat	कुटकी
Grasshopper	टड्डिी
Ladybug	भड़िी
Larva	लार्वा
Mosquito	मच्छर
Moth	कीट
Termite	दीमक
Wasp	ततैया
Worm	कीड़ा

Kindness
दयालुता

Affectionate	स्नेही
Attentive	चौकस
Compassionate	दयालु
Friendly	अनुकूल
Generous	उदार
Genuine	वास्तवकि
Happy	खुश
Helpful	उपयोगी
Honest	ईमानदार
Hospitable	मेहमाननवाज
Loving	प्यार
Patient	रोगी
Receptive	ग्रहणशील
Reliable	वशि्वसनीय
Respectful	वनिीत
Tolerant	सहनशील
Understanding	समझ

Kitchen
कचिन

Apron	एप्रन
Bowl	कटोरा
Chopsticks	चीनी काँटा
Cups	कप
Food	भोजन
Forks	कांटे
Freezer	फ्रीजर
Grill	ग्रलि
Jug	जग
Kettle	केतली
Knives	चाकू
Ladle	करछुल
Napkin	नैपकनि
Oven	ओवन
Recipe	वधिि
Refrigerator	फ्रजि
Spices	मसाले
Sponge	स्पंज
Spoons	चम्मच

Landscapes
लैंडस्केप

Beach	समुद्र तट
Cave	गुफा
Cliff	चट्टान
Desert	रेगसि्तान
Glacier	ग्लेशयिर
Hill	पहाड़ी
Iceberg	हमिखंड
Island	द्वीप
Lake	झील
Mountain	पहाड़
Oasis	मरूद्यान
Ocean	सागर
Peninsula	प्रायद्वीप
River	नदी
Sea	समुद्र
Swamp	दलदल
Tundra	टुंड्रा
Valley	घाटी
Volcano	ज्वालामुखी
Waterfall	झरना

Literature
साहत्यि

Analogy	समानता
Analysis	वशि्लेषण
Anecdote	कस्सिा
Author	लेखक
Biography	जीवनी
Comparison	तुलना
Conclusion	नष्किर्ष
Description	ववरिण
Dialogue	संवाद
Fiction	कथा
Metaphor	रूपक
Narrator	कथावाचक
Novel	उपन्यास
Poem	कवतिा
Poetic	काव्यात्मक
Rhyme	तुक
Rhythm	ताल
Style	शैली
Theme	वषिय
Tragedy	त्रासदी

Mammals
स्तनधारी

Bear	भालू
Beaver	ऊदबलिाव
Bull	बुल
Cat	बलि्ली
Coyote	कोयोट
Dog	कुत्ता
Dolphin	डॉल्फनि
Elephant	हाथी
Fox	लोमड़ी
Giraffe	जरिाफ़
Gorilla	गोरलि्ला
Horse	घोड़ा
Kangaroo	कंगारू
Lion	शेर
Monkey	बंदर
Rabbit	खरगोश
Sheep	भेड़
Whale	व्हेल
Wolf	भेड़यि
Zebra	ज़ेबरा

Math
गणति

Angles	कोण
Arithmetic	अंकगणति
Circumference	परधि
Decimal	दशमलव
Diameter	व्यास
Division	वभिाजन
Equation	समीकरण
Exponent	प्रतपिादक
Fraction	अंश
Geometry	ज्यामति
Numbers	संख्याएँ
Parallel	समानांतर
Polygon	बहुभुज
Radius	त्रज्यिा
Rectangle	आयत
Square	वर्ग
Sum	योग
Symmetry	समरूपता
Triangle	त्रकिोण
Volume	आयतन

Measurements
मापन

Byte	बाइट
Centimeter	सेंटीमीटर
Decimal	दशमलव
Degree	डग्रिी
Depth	गहराई
Gram	ग्राम
Height	ऊंचाई
Inch	इंच
Kilogram	कलिोग्राम
Kilometer	कलिोमीटर
Length	लंबाई
Liter	लीटर
Mass	मास
Meter	मीटर
Minute	मनिट
Ounce	औंस
Ton	टन
Volume	आयतन
Weight	वजन
Width	चौड़ाई

Meditation
ध्यान

Acceptance	स्वीकृति
Attention	ध्यान
Awake	जाग
Breathing	श्वास
Calm	शांत
Clarity	स्पष्टता
Compassion	दया
Emotions	भावनाएँ
Gratitude	कृतज्ञता
Habits	आदतें
Kindness	दयालुता
Mental	मानसकि
Mind	मन
Movement	गति
Music	संगीत
Nature	प्रकृति
Peace	शांति
Perspective	परप्रि‍ेक्ष्य
Silence	मौन
Thoughts	वचिार

Musical Instruments
संगीत वाद्ययंत्र

Banjo	बैंजो
Bassoon	बासून
Cello	वायलनचेलो
Chimes	झंकार
Clarinet	शहनाई
Drum	ढोल
Flute	बांसुरी
Gong	घंटा
Guitar	गटिार
Harp	वीणा
Mandolin	मैंडोलनि
Percussion	टक्कर
Piano	पयिानो
Saxophone	सैक्सोफोन
Tambourine	डफ
Trumpet	तुरही
Violin	वायलनि

Mythology
पौराणकि कथाएं

Archetype	मूलरूप आदर्श
Behavior	व्यवहार
Beliefs	वश्विासों
Creation	सृजन
Creature	जंतु
Culture	संस्कृति
Deities	देवता
Disaster	आपदा
Heaven	स्वर्ग
Hero	नायक
Immortality	अमरता
Jealousy	ईर्ष्या
Labyrinth	भूलभुलैया
Legend	दंतकथा
Lightning	बजिली
Monster	राक्षस
Mortal	नश्वर
Revenge	बदला
Thunder	गरज
Warrior	योद्धा

Nature
प्रकृति

Animals	जानवरों
Arctic	आर्कटिक
Beauty	सुंदरता
Bees	मधुमक्खियों
Cliffs	चट्टानों
Clouds	बादल
Desert	रेगिस्तान
Dynamic	गतिशील
Erosion	कटाव
Fog	कोहरा
Foliage	पत्ते
Forest	वन
Glacier	ग्लेशियर
Peaceful	शांतिपूर्ण
River	नदी
Sanctuary	अभयारण्य
Serene	निर्मल
Tropical	उष्णकटिबंधीय
Vital	महत्वपूर्ण
Wild	जंगली

Numbers
संख्याएँ

Decimal	दशमलव
Eight	आठ
Eighteen	अठारह
Fifteen	पंद्रह
Five	पांच
Four	चार
Fourteen	चौदह
Nine	नौ
Nineteen	उन्नीस
One	एक
Seven	सात
Seventeen	सत्रह
Six	छह
Sixteen	सोलह
Ten	दस
Thirteen	तेरह
Three	तीन
Twelve	बारह
Twenty	बीस
Two	दो

Nutrition
पोषाहार

Appetite	भूख
Balanced	संतुलित
Bitter	कड़वा
Calories	कैलोरी
Diet	आहार
Digestion	पाचन
Edible	खाद्य
Fermentation	किण्वन
Flavor	स्वाद
Habits	आदतें
Health	स्वास्थ्य
Healthy	स्वस्थ
Liquids	तरल पदार्थ
Nutrient	पुष्टिकर
Proteins	प्रोटीन
Quality	गुणवत्ता
Sauce	चटनी
Toxin	विष
Vitamin	विटामिन
Weight	वजन

Ocean
सागर

Algae	शैवाल
Coral	मूंगा
Crab	केकड़ा
Dolphin	डॉल्फिन
Fish	मछली
Jellyfish	जेलफ़िश
Octopus	ऑक्टोपस
Oyster	सीप
Reef	चट्टान
Salt	नमक
Seaweed	समुद्री शैवाल
Shark	शार्क
Shrimp	झींगा
Sponge	स्पंज
Storm	आंधी
Tides	ज्वार
Tuna	टूना
Turtle	कछुआ
Waves	लहरें
Whale	व्हेल

Pets
पालतू जानवर

Cat	बिल्ली
Claws	पंजे
Collar	कॉलर
Cow	गाय
Dog	कुत्ता
Fish	मछली
Food	भोजन
Goat	बकरी
Leash	पट्टा
Lizard	छिपकली
Mouse	चूहा
Parrot	तोता
Puppy	पिल्ला
Rabbit	खरगोश
Tail	पूंछ
Turtle	कछुआ
Veterinarian	पशु चिकित्सक
Water	पानी

Pirates
समुद्री लुटेरे

Adventure	साहसिक
Anchor	लंगर
Bad	बुरा
Beach	समुद्र तट
Captain	कप्तान
Cave	गुफा
Coins	सिक्के
Compass	दिक्सूचक
Crew	क्रू
Danger	खतरा
Flag	झंडा
Gold	सोना
Island	द्वीप
Legend	दंतकथा
Map	नक्शा
Parrot	तोता
Rum	रम
Scar	निशान
Sword	तलवार
Treasure	खजाना

Plants
पौधे

Bamboo	बांस
Bean	सेम
Berry	बेरी
Blossom	खलिना
Bush	बुश
Cactus	कैक्टस
Fertilizer	उर्वरक
Flower	फूल
Foliage	पत्ते
Forest	वन
Garden	बगीचा
Grass	घास
Grow	बढ़ना
Ivy	आइवी
Moss	काई
Petal	पत्ती
Root	जड़
Stem	तना
Tree	पेड़
Vegetation	वनस्पति

Professions #1
व्यवसाय #1

Ambassador	राजदूत
Astronomer	खगोल वज्ञिानी
Attorney	वकील
Banker	बैंकर
Cartographer	मानचत्रिकार
Coach	कोच
Dancer	नर्तकी
Doctor	चकित्सिक
Editor	संपादक
Geologist	भूवज्ञिानी
Hunter	शकिारी
Jeweler	जौहरी
Musician	संगीतकार
Nurse	नर्स
Pianist	पयिानोवादक
Plumber	नलसाज़
Psychologist	मनोवैज्ञानकि
Sailor	नावकि
Tailor	दर्जी
Veterinarian	पशु चकित्सिक

Professions #2
व्यवसाय #2

Biologist	जीववज्ञिानी
Dentist	दंत चकित्सिक
Detective	जासूस
Engineer	इंजीनयिर
Farmer	कसिान
Gardener	माली
Illustrator	इलस्ट्रेटर
Inventor	आवष्किारक
Journalist	पत्रकार
Librarian	लाइब्रेरयिन
Linguist	बहुभाषी
Painter	चत्रिकार
Philosopher	दार्शनकि
Photographer	फोटोग्राफर
Physician	चकित्सिक
Pilot	पायलट
Researcher	शोधकर्ता
Surgeon	सर्जन
Teacher	शक्षिक
Zoologist	जूलॉजस्टि

Rainforest
वर्षावन

Amphibians	उभयचर
Birds	पक्षी
Botanical	वानस्पतकि
Climate	जलवायु
Clouds	बादल
Community	समुदाय
Diversity	ववििधिता
Indigenous	स्वदेशी
Insects	कीड़े
Jungle	जंगल
Mammals	स्तनधारी
Moss	काई
Nature	प्रकृति
Preservation	संरक्षण
Refuge	शरण
Respect	आदर
Restoration	बहाली
Species	प्रजातयिां
Survival	उत्तरजीवति
Valuable	मूल्यवान

Restaurant #1
रेस्टोरेंट #1

Allergy	एलर्जी
Bowl	कटोरा
Bread	रोटी
Cashier	खजांची
Chicken	चकिन
Coffee	कॉफ़ी
Dessert	मठिाई
Food	भोजन
Ingredients	सामग्री
Kitchen	रसोई
Knife	चाकू
Meat	मांस
Menu	मेन्यू
Napkin	नैपकनि
Plate	प्लेट
Reservation	आरक्षण
Sauce	चटनी
Spicy	मसालेदार
Waitress	वेट्रेस

Restaurant #2
रेस्टोरेंट #2

Beverage	पेय
Cake	केक
Chair	कुर्सी
Delicious	स्वादष्टि
Dinner	रात का खाना
Eggs	अंडे
Fish	मछली
Fork	कांटा
Fruit	फल
Ice	बर्फ
Lunch	दोपहर का भोजन
Noodles	नूडल्स
Salad	सलाद
Salt	नमक
Soup	सूप
Spices	मसाले
Spoon	चम्मच
Vegetables	सब्जयिां
Waiter	वेटर
Water	पानी

School #1
स्कूल #1

Alphabet	वर्णमाला
Answers	जवाब
Books	पुस्तकें
Chair	कुर्सी
Classroom	कक्षा
Desk	डेस्क
Exams	परीक्षा
Folders	फ़ोल्डर
Friends	दोस्तों
Fun	मज़ा
Library	पुस्तकालय
Lunch	दोपहर का भोजन
Math	गणति
Numbers	संख्याएँ
Paper	कागज
Pencil	पेंसलि
Pens	कलम
Quiz	प्रश्नोत्तरी
Teacher	शक्षिक

School #2
स्कूल #2

Academic	शैक्षकि
Backpack	बैग
Books	पुस्तकें
Bus	बस
Calendar	कैलेंडर
Computer	संगणक
Dictionary	शब्दकोश
Education	शक्षिा
Eraser	रबड़
Friends	दोस्तों
Grammar	व्याकरण
Library	पुस्तकालय
Literature	साहत्यि
Paper	कागज
Pencil	पेंसलि
Science	वज्ञिान
Scissors	कैंची
Supplies	आपूर्त
Teacher	शक्षिक
Weekends	सप्ताहांत

Science
वज्ञिान

Atom	परमाणु
Chemical	रासायनकि
Climate	जलवायु
Data	डेटा
Evolution	वकिास
Experiment	प्रयोग
Fact	तथ्य
Fossil	जीवाश्म
Gravity	गुरुत्वाकर्षण
Hypothesis	परकिल्पना
Laboratory	प्रयोगशाला
Method	तरीका
Minerals	खनजि
Molecules	अणुओं
Nature	प्रकृत
Organism	जीव
Particles	कण
Physics	भौतकि वज्ञिान
Plants	पौधे
Scientist	वैज्ञानकि

Science Fiction
कल्पति वज्ञिान

Atomic	परमाणु
Books	पुस्तकें
Chemicals	रसायन
Cinema	सनिमा
Dystopia	डायस्टोपयिा
Explosion	वस्फिोट
Extreme	चरम
Fantastic	शानदार
Fire	आग
Futuristic	फ्यूचरस्टिकि
Galaxy	आकाशगंगा
Illusion	भ्रम
Imaginary	काल्पनकि
Mysterious	रहस्यमय
Oracle	आकाशवाणी
Planet	ग्रह
Robots	रोबोट
Technology	प्रौद्योगकी
Utopia	आदर्शलोक
World	दुनयिा

Scientific Disciplines
वैज्ञानकि अनुशासन

Anatomy	शरीर रचना
Archaeology	पुरातत्व
Astronomy	खगोल वज्ञिान
Biochemistry	जीव रसायन
Biology	जीववज्ञिान
Chemistry	रसायन वज्ञिान
Ecology	पारस्थितिकिी
Geology	भूवज्ञिान
Immunology	इम्यूनोलॉजी
Kinesiology	काइन्सयिोलॉजी
Linguistics	भाषावज्ञिान
Mechanics	यांत्रकी
Meteorology	मौसम वज्ञिान
Mineralogy	खनजि वद्यिा
Nutrition	पोषण
Physiology	फजियोिलॉजी
Psychology	मनोवज्ञिान
Robotics	रोबोटक्सि
Sociology	समाज शास्त्र
Thermodynamics	ऊष्मप्रवैगकी

Shapes
आकृतयिाँ

Arc	चाप
Circle	वृत्त
Cone	शंकु
Corner	कोने
Cube	घन
Curve	वक्र
Cylinder	सलिंडर
Edges	कनिारों
Ellipse	दीर्घवृत्त
Line	रेखा
Oval	अंडाकार
Polygon	बहुभुज
Prism	प्रज्मि
Pyramid	परिमडि
Rectangle	आयत
Round	गोल
Side	पक्ष
Square	वर्ग
Triangle	त्रकिोण

Spices
मसाले

Bitter	कड़वा
Cardamom	इलायची
Cinnamon	दालचीनी
Clove	लौंग
Coriander	धनयिा
Cumin	जीरा
Curry	करी
Fennel	सौंफ
Fenugreek	मेथी
Flavor	स्वाद
Garlic	लहसुन
Ginger	अदरक
Licorice	नद्यपान
Nutmeg	जायफल
Onion	प्याज
Pepper	मर्चि
Saffron	केसर
Salt	नमक
Sweet	मठिाई
Vanilla	वनीला

Sports
स्पोर्ट्स

Baseball	बेसबॉल
Basketball	बास्केटबॉल
Bicycle	साइकलि
Championship	चैम्पयिनशपि
Coach	कोच
Game	खेल
Golf	गोल्फ
Gymnasium	व्यायामशाला
Gymnastics	जमिनास्टकि
Hockey	हॉकी
Movement	गत
Player	खलाड़ी
Referee	रेफरी
Stadium	स्टेडयिम
Team	टीम
Tennis	टेनसि
Winner	वजिता

Summer
ग्रीष्म ऋतु

Beach	समुद्र तट
Books	पुस्तकें
Camping	डेरा डालना
Diving	डाइवगि
Family	परविार
Food	भोजन
Friends	दोस्तों
Games	खेल
Garden	बगीचा
Home	घर
Joy	हर्ष
Leisure	अवकाश
Memories	यादें
Music	संगीत
Relaxation	वश्रिाम
Sandals	सैंडल
Sea	समुद्र
Stars	सतिारे
Travel	यात्रा
Vacation	छुट्टी

Surfing
सर्फ़गि

Athlete	खलािड़ी
Beach	समुद्र तट
Beginner	शुरुआत
Champion	चैंपयिन
Crowds	भीड़
Extreme	चरम
Foam	फोम
Fun	मज़ा
Ocean	सागर
Popular	लोकप्रयि
Reef	चट्टान
Speed	गत
Stomach	पेट
Strength	ताकत
Style	शैली
Wave	लहर
Weather	मौसम

Technology
प्रौद्योगकिी

Blog	ब्लॉग
Browser	ब्राउज़र
Bytes	बाइट्स
Camera	कैमरा
Computer	संगणक
Cursor	कर्सर
Data	डेटा
Digital	डजिटिल
Display	प्रदर्शन
File	फ़ाइल
Font	फ़ॉन्ट
Internet	इंटरनेट
Message	संदेश
Research	अनुसंधान
Screen	स्क्रीन
Security	सुरक्षा
Software	सॉफ़्टवेयर
Statistics	सांख्यकिी
Virtual	आभासी
Virus	वाइरस

Time
टाइम

Annual	वार्षकि
Before	इससे पहले
Calendar	कैलेंडर
Century	सदी
Clock	घड़ी
Day	दनि
Decade	दशक
Early	जल्दी
Future	भवष्यि
Hour	घंटा
Minute	मनिट
Month	महीना
Morning	सुबह
Night	रात
Noon	दोपहर
Now	अब
Soon	जल्द ही
Today	आज
Week	सप्ताह
Year	वर्ष

To Fill
भरने के लिए

Bag	थैला
Barrel	बैरल
Basin	घाटी
Basket	टोकरी
Bottle	बोतल
Box	बॉक्स
Bucket	बाल्टी
Carton	कार्टन
Crate	टोकरा
Drawer	दराज
Envelope	लिफाफा
Folder	फ़ोल्डर
Packet	पैकेट
Pocket	जेब
Suitcase	सूटकेस
Tray	ट्रे
Tub	टब
Tube	ट्यूब
Vase	फूलदान

Town
नगर

Airport	हवाई अड्डा
Bakery	बेकरी
Bank	बैंक
Cinema	सिनेमा
Clinic	क्लिनिक
Florist	फूलवाला
Gallery	गैलरी
Hotel	होटल
Library	पुस्तकालय
Market	बाजार
Museum	संग्रहालय
Pharmacy	फार्मेसी
Restaurant	भोजनालय
School	स्कूल
Stadium	स्टेडियम
Store	दुकान
Supermarket	सुपरमार्केट
Theater	थिएटर
University	विश्वविद्यालय
Zoo	चिड़ियाघर

Toys
खिलौने

Airplane	विमान
Ball	गेंद
Bicycle	साइकिल
Boat	नाव
Books	पुस्तकें
Car	कार
Chess	शतरंज
Clay	मिट्टी
Crafts	शिल्प
Doll	गुड़िया
Drums	ड्रम
Favorite	प्रिय
Games	खेल
Imagination	कल्पना
Kite	पतंग
Paints	पेंट
Puzzle	पहेली
Robot	रोबोट
Train	ट्रेन
Truck	ट्रक

Vacation #2
अवकाश #2

Airport	हवाई अड्डा
Beach	समुद्र तट
Camping	डेरा डालना
Destination	गंतव्य
Foreign	विदेश
Foreigner	विदेशी
Holiday	छुट्टी
Hotel	होटल
Island	द्वीप
Journey	यात्रा
Leisure	अवकाश
Map	नक्शा
Mountains	पहाड़ों
Passport	पासपोर्ट
Sea	समुद्र
Taxi	टैक्सी
Tent	तंबू
Train	ट्रेन
Transportation	परिवहन
Visa	वीजा

Vegetables
सब्जियां

Artichoke	हाथी चक
Broccoli	ब्रोकोली
Carrot	गाजर
Cauliflower	फूलगोभी
Celery	अजवाइन
Cucumber	खीरा
Eggplant	बैंगन
Garlic	लहसुन
Ginger	अदरक
Mushroom	मशरूम
Olive	जैतून
Onion	प्याज
Parsley	अजमोद
Pea	मटर
Pumpkin	कद्दू
Radish	मूली
Salad	सलाद
Spinach	पालक
Tomato	टमाटर
Turnip	शलजम

Vehicles
वाहन

Airplane	विमान
Ambulance	रोगी वाहन
Bicycle	साइकिल
Boat	नाव
Bus	बस
Car	कार
Caravan	कारवां
Engine	इंजन
Ferry	नौका
Helicopter	हेलीकॉप्टर
Motor	मोटर
Raft	बेड़ा
Rocket	रॉकेट
Scooter	स्कूटर
Submarine	पनडुब्बी
Subway	भूमिगत मार्ग
Taxi	टैक्सी
Tires	टायर
Tractor	ट्रैक्टर
Truck	ट्रक

Virtues #1
गुण #1

Artistic	कलात्मक
Charming	आकर्षक
Clean	स्वच्छ
Confident	वशि्वास
Curious	जजि्ञासु
Decisive	नरि्णायक
Efficient	कुशल
Generous	उदार
Good	अच्छा
Helpful	उपयोगी
Imaginative	कल्पनाशील
Independent	स्वतंत्र
Intelligent	बुद्धमिान
Modest	मामूली
Passionate	भावुक
Patient	रोगी
Practical	व्यावहारकि
Reliable	वशि्वसनीय
Wise	ढंग

Visual Arts
दृश्य कला

Architecture	वास्तुकला
Artist	कलाकार
Chalk	चाक
Clay	मट्टिी
Composition	रचना
Creativity	रचनात्मकता
Easel	चति्रफलक
Film	फलि्म
Masterpiece	कृत
Painting	चति्रकारी
Pen	कलम
Pencil	पेंसलि
Perspective	परप्रि्रेक्ष्य
Photograph	तस्वीर
Portrait	चति्र
Sculpture	मूर्तकिला
Stencil	स्टैंसलि
Varnish	वार्नशि
Wax	मोम

Water
पानी

Canal	नहर
Damp	नम
Evaporation	वाष्पीकरण
Flood	बाढ़
Frost	ठंढ
Hurricane	तूफान
Ice	बर्फ
Irrigation	सचिाई
Lake	झील
Moisture	नमी
Monsoon	मानसून
Ocean	सागर
Rain	वर्षा
River	नदी
Shower	बौछार
Soaked	लथपथ
Steam	भाप
Stream	धारा
Waves	लहरें

Weather
मौसम

Atmosphere	वायुमंडल
Calm	शांत
Climate	जलवायु
Cloud	बादल
Dry	सूखा
Flood	बाढ़
Fog	कोहरा
Hurricane	तूफान
Ice	बर्फ
Lightning	बजिली
Monsoon	मानसून
Polar	ध्रुवीय
Rainbow	इंद्रधनुष
Sky	आकाश
Storm	आंधी
Temperature	तापमान
Thunder	गरज
Tornado	बवंडर
Tropical	उष्णकटबिंधीय
Wind	हवा

Congratulations

You made it!

We hope you enjoyed this book as much as we enjoyed making it. We do our best to make high quality games.
These puzzles are designed in a clever way for you to learn actively while having fun!

Did you love them?

A Simple Request

Our books exist thanks your reviews. Could you help us by leaving one now?

Here is a short link which will take you to your order review page:

BestBooksActivity.com/Review50

MONSTER CHALLENGE!

Challenge #1

Ready for Your Bonus Game? We use them all the time but they are not so easy to find. Here are **Synonyms**!

Note 5 words you discovered in each of the Puzzles noted below (#21, #36, #76) and try to find 2 synonyms for each word.

Note 5 Words from *Puzzle 21*

Words	Synonym 1	Synonym 2

Note 5 Words from *Puzzle 36*

Words	Synonym 1	Synonym 2

Note 5 Words from *Puzzle 76*

Words	Synonym 1	Synonym 2

Challenge #2

Now that you are warmed-up, note 5 words you discovered in each Puzzle
noted below (#9, #17, #25) and try to find 2 antonyms for each word.
How many lines can you do in 20 minutes?

Note 5 Words from **Puzzle 9**

Words	Antonym 1	Antonym 2

Note 5 Words from **Puzzle 17**

Words	Antonym 1	Antonym 2

Note 5 Words from **Puzzle 25**

Words	Antonym 1	Antonym 2

Challenge #3

Wonderful, this monster   challenge is nothing to you!

Ready for the last one? Choose your 10 favorite words discovered in any of the Puzzles and note them below.

1.	6.
2.	7.
3.	8.
4.	9.
5.	10.

Now, using these words and within a maximum of six sentences, your challenge is to compose a text about a person, animal or place that you love!

Tip: You can use the last blank page of this book as a draft!

Your Writing:

Explore a Unique Store
Set Up **FOR YOU!**

MEGA DEALS

BestActivityBooks.com/**TheStore**

Designed for Entertainment!

Light Up Your Brain With Unique **Gift Ideas**.

Access **Surprising** And **Essential Supplies!**

CHECK OUT OUR MONTHLY SELECTION NOW!

- Expertly Crafted Products -

NOTEBOOK:

SEE YOU SOON!

Linguas Classics Team

ENJOY

FREE

GAMES

NOW ON

BESTACTIVITYBOOKS.COM/FREEGAMES

www.ingramcontent.com/pod-product-compliance
Lightning Source LLC
Chambersburg PA
CBHW082150120626
46553CB00010B/2846
9798896709756